Erma Bombeck
Hilfe, ich habe Urlaub

Erma Bombeck

Hilfe,
ich habe Urlaub

Die vergnüglichen
Reisekatastrophen der berühmtesten
Hausfrau der Welt

Aus dem Amerikanischen von
David Eisermann
Mit Illustrationen von
Ingeborg Haun

Gustav Lübbe Verlag

© 1991 by Erma Bombeck
Titel der Originalausgabe:
When You Look Like Your Passport Photo,
It's Time To Go Home
Originalverlag: HarperCollins Publishers, New York

© 1991 für die deutschsprachige Ausgabe:
Gustav Lübbe Verlag GmbH, Bergisch Gladbach
Aus dem Amerikanischen von David Eisermann
Illustrationen und Schutzumschlag:
Ingeborg Haun
Satz: Kremerdruck GmbH, Lindlar
Druck und Einband: Franz Spiegel Buch GmbH, Ulm

Alle Rechte, auch die der fotomechanischen
Wiedergabe, vorbehalten
Printed in Germany
ISBN 3-7857-0607-3

Inhalt

Papua-Neuguinea 7
Centerville, Ohio 21
Muß die ganze Stadt wissen,
daß wir wegfahren? 27
Kanada 29
»Liebling, wir haben die Kinder
geschrumpft!« 39
Packen 41
Europa in 21 Tagen 44
Der Mietwagen 58
Italien 59
Trinkgeld 67
Ostseekreuzfahrt 70
Einkaufen 80
Südamerika 87
Preiswert fliegen 95
Fremdsprachen 104
Spanien 105
Die sechs schlimmsten Streits im Urlaub 115
Im Taxi nach Hause 120
Indonesien 124
Dia-Abende 130
Afrika 133
Terminplanung für die Familienreise 143
Floßfahrt durch den Grand Canyon 145
Hauptsache, es macht Spaß! 153
Historische Sehenswürdigkeiten 158
Krank 164
Mexiko 170
Reisen mit den Eltern 173

Toiletten 179
Istanbul 182
Katalogversprechungen 187
Out of Alaska 191
Arbeitsurlaub 199
Rußland 201
Ein Jack-Nicholson-Weißbrottag 210
Montserrat 212
Das Great-Barrier-Riff 218
Zeit, nach Hause zu fahren 222
Zeitumstellung 226
Wieder zu Hause 229
Wenn Sie aussehen wie Ihr Paßbild,
sind die Ferien zu Ende 234

Papua-Neuguinea

Die ersten Schüsse fielen nachts um zwei, dicht gefolgt vom Klirren der Flaschen, die gegen unser Hotel geworfen wurden, und den Schreien aus dem Zimmer nebenan. Neben mir im Bett lag der Irre, der mich hierhergebracht hatte, um einmal Abstand von den Kindern, den Telefonanrufen und der täglichen Kocherei zu bekommen.
Es war die dritte Woche unseres Urlaubs in Papua-Neuguinea, und mein Mann und ich steckten mitten in einem Stammeskrieg in einem kleinen Ort namens Kundiawa.
In der Feuerpause starrten wir beide in dem dunklen Zimmer an die Decke und wagten nicht, uns zu bewegen.
»Du kannst mich für verrückt halten«, sagte ich, »aber ich glaube, die Leute hier haben die Sache mit dem Fremdenverkehr noch nicht ganz im Griff.«
Mein Ehemann atmete tief durch. »Ich habe dir doch schon erklärt, das hat nichts mit uns zu tun. Der Kampf betrifft nur die beiden Stämme.«
»Du hast so eine Art, immer die gute Seite an den Dingen zu sehen«, erwiderte ich matt.
Ein Hund bellte. Die eiligen Schritte und das Geschrei vor unserer Tür wurden rasch leiser.
»Weißt du eigentlich, daß es hier im Hotel kein Wasser gibt?« fragte ich.
»Wie oft soll ich es dir noch sagen«, seufzte er: »Wir sind in einem Land der Dritten Welt. Hier legt dir niemand jede Nacht ein Stück Schokolade aufs Kopfkissen. Du mußt die urtümliche Eigenart der Gegend zu schätzen wissen.«
»Meinst du, es ist gefährlich, auf dem Fußboden ins Bad zu robben?« fragte ich ein paar Minuten später.

»Ja«, entgegnete er und drehte sich zum Schlafen um.
Ich lag mit offenen Augen da. Was in aller Welt tat ich eigentlich hier? Ich, eine Frau, die jede Woche ihre Tennisschuhe abschrubbte, eine Frau, die fast in Ohnmacht fiel, wenn sie in ihrem Salat eine Kakerlake fand oder im Nationalpark die Toilette mit einer auf dem Spülkasten zusammengerollten Schlange teilen mußte. Eine Frau, die sich ein gutes Kleid mitgebracht hatte, um darin sonntags in die Kirche zu gehen, und dann feststellen mußte, daß die Einheimischen hier oben ohne zur Messe gingen. Gott weiß, wie ich es hasse, falsch angezogen zu sein!
In der Theorie hören sich Ferien immer so großartig an. Sie sollen gut für die Ehe sein, gut, um wieder zu sich selbst zu finden, gut, um ein besseres Verständnis für die Welt zu bekommen, das Beste für eine schöne Haut – lauter so Sachen.
In Wahrheit sind Ferien harte Arbeit. Etwa wie Bergsteigen mit Durchfall. Wir bezahlen eine Menge Geld, um auf Flughäfen zu übernachten und Koffer rumzuschleppen, die doppelt soviel wiegen wie wir selbst, Sachen zu essen, deren einziger Vorzug darin besteht, daß wir sie nicht kennen, und unser Leben wildfremden Menschen anzuvertrauen.
Zugegeben, Papua-Neuguinea ist die einzigartigste Kultur, die ich in den zwanzig Jahren kennengelernt habe, seit ich in Urlaub fahre. Ich weiß das von meinem Mann. Er kommt mir manchmal vor wie der wandelnde Reiseführer – so eine Art Sprechautomat. Kennen Sie diese Führungen, bei denen die Leute sich einen Kassettenrecorder um den Hals hängen und auf Knopfdruck Näheres über das zu hören kriegen, was sie gerade sehen? Wenn Sie mit meinem Mann auf Reisen sind, brauchen Sie so ein Ding gar nicht. Drücken Sie bloß auf seinen Nabel, und Sie hören: »Am 27. Mai 1930 wurde Papua-Neuguinea,

einer der letzten noch unberührten Flecken auf dieser Erde, von der westlichen Zivilisation entdeckt.« Mein Mann wird Ihnen auch erzählen, es sei wichtig, dieses letzte Menschheitsparadies noch zu sehen, bevor unsere westliche Zivilisation es im Namen des Fortschritts gnadenlos überrollt.

Als er diesen flammenden Monolog hielt, standen wir gerade auf einer Wiese mitten in Goroka, wo Eingeborene ihre Schweine an der Leine führten. Ich hatte irgendwie nicht das Gefühl, dies alles sei unmittelbar bedroht.

Die einheimischen Verkehrsregeln richten sich nicht gerade nach den Regeln unserer Straßenverkehrsordnung. Wenn Sie in Papua-Neuguinea in einen Unfall verwickelt werden, halten Sie bloß nicht an. Fahren Sie weiter bis zur nächsten Polizeistation. Es gibt hier ein Gesetz der Vergeltung, bei dem der Geschädigte wahllos den nächsten Menschen umbringt, der Ihre Hautfarbe hat. Wenn Sie ein Schwein anfahren, machen Sie bloß keinen Versuch, wegen Schadenersatz anzuhalten, sondern gehen Sie direkt zur Polizei.

»Und denk immer daran«, hatte mein Mann mir eingeschärft, »wenn du Leute siehst, die mit Äxten, Messern oder Pfeil und Bogen unterwegs sind, halt bloß nicht an. Fahr weiter.«

Ein weiterer Schuß krachte durch die Nacht. Ich schüttelte meinen Mann wach. »Trägst du heute deine Mickymaus-Unterwäsche?«

»Ja«, murmelte er schläfrig.

»Dann muß morgen Mittwoch sein ... Schweinchen-Dick-Tag«, kombinierte ich.

»Versuch doch, ein wenig zu schlafen«, meinte er und begann von neuem zu schnarchen.

Die Unterwäsche. Unwillkürlich mußte ich grinsen. Unsere Ankunft schien schon Ewigkeiten zurückzuliegen.

Eigentlich hatten wir in Papeete auf Tahiti eine mehrtägige Erholungspause einlegen wollen, um uns an die Zeitverschiebung zu gewöhnen, bevor wir uns dann auf den Weg nach Port Moresby machten. Ich weiß noch, daß es genau dreiundzwanzig Uhr war, als das Gepäckband auf erschreckend endgültige Art zum Stillstand kam und uns klar wurde, daß wir als letzte noch auf unsere Koffer warteten. Ich hatte mein Gepäck, aber mein Mann sah aus wie ein Todgeweihter.

»Mein Gepäck! Es ist nicht da«, keuchte er. »Das steckt bestimmt noch in der Maschine hier auf Tahiti. Ich muß mich beeilen, bevor sie wieder abhebt.«

Ich packte seinen Arm. »Sei vernünftig! Es ist bestimmt nicht mehr in der Maschine. Eher steht es noch in Phoenix irgendwo rum.«

»In diesen Koffern steckt alles, was ich besitze«, jammerte er. »Mein Feldstecher, mein Filmmaterial, mein Waschzeug und alles, was ich zum Anziehen habe.«

»Habe ich dir mal die Geschichte von der Großmutter aus Fort Lauderdale erzählt?« fragte ich.

»Ja«, sagte er, wurde um eine Spur blasser und sah sich nach jemanden vom Bodenpersonal um.

»Wie sie zur Hochzeit ihres Enkels nach Pittsburgh wollte und ihr Gepäck in Kanada landete?«

»Hast du mir erzählt«, meinte er unwirsch.

»Die Fluggesellschaft sagte ihr, wenn ihr Gepäck nach vierundzwanzig Stunden noch nicht da sei, bekäme sie fünfunddreißig Dollar für neue Unterwäsche, aber das war noch ihr geringstes Problem, weil sie für die Hochzeit nur den Hosenanzug und die Turnschuhe zum Anziehen hatte, die sie auf der Reise getragen hatte. Bist du sicher, daß ich dir das schon mal erzählt habe?«

»Siehst du irgendwo jemand von unserer Fluggesellschaft?«

»Na, jedenfalls«, fuhr ich ungerührt fort, »die Familie wollte ihr aushelfen, doch die Mutter der Braut war kleiner und dünner, und das einzige, was schließlich paßte, war ein himmelblaues Umstandskleid. Nachdem die Flecken rausgewaschen und im Schnellverfahren mit einem Fön getrocknet worden waren, nahmen ihre beiden Enkel die Großmutter in die Mitte, und sie schritt in einem Umstandskleid und goldfarbenen Hausschlappen zum Altar.«
»Komm zur Sache«, sagte er, während er gereizt die Reisegepäck-Versicherungsunterlagen durchging.
»Die Sache ist die: Wir sind unterwegs nach Papua-Neuguinea, um den Sepik-Fluß runterzufahren, und du bist angezogen wie ein Finanzmakler.«
»Das Gepäck taucht bestimmt wieder auf«, erklärte er.
Meine letzten Worte zu diesem Thema waren: »Das halte ich für einen schönen Traum!«
Mein lieber Mann hatte das erste Gebot aller Globetrotter außer acht gelassen, das da lautet: »Du sollst nichts mitnehmen, was du nicht im Dauerlauf tragen und als Handgepäck unter deinem Sitz verstauen kannst.« Nun erging es ihm wie jenem Mann aus St. Louis, der am Flughafen der Dame am Schalter erzählte, er flöge nach Dallas, und sie dann bittet: »Können Sie mein Gepäck zuerst über Honolulu und New Jersey schicken?« Als die Dame antwortet, daß das nicht möglich sei, sagt er: »Komisch, letzte Woche haben Sie das doch noch prima hingekriegt.«
In Tahiti vergingen zwei Tage ... zwei Tage, in denen mein Mann im Straßenanzug am Swimmingpool herumhing. »Steck dir eine Lampenschnur ins Ohr, und alle werden dich für einen CIA-Agenten halten«, höhnte ich. Nach vier Tagen konnte ich ihn schließlich davon überzeugen, daß sein Gepäck in dem großen Bermudadreieck am Him-

mel verschwunden war. Er mußte sich etwas zum Anziehen kaufen.
Port Moresby schien noch ein gutes Pflaster zu sein, um sich eine Garderobe zuzulegen, schließlich ist es die Hauptstadt von Papua-Neuguinea und das Tor zum Südpazifik. Hier würden wir noch die beste Gelegenheit zum Einkaufen finden, bevor wir uns in das hochgelegene Waghi-Tal, zu kleinen Orten wie Lae und Madang und in die Eingeborenendörfer am Lauf des Sepik aufmachten. Natürlich stellten wir uns darauf ein, daß die Auswahl begrenzt sein würde. Aber die Einkaufsschwierigkeiten, die uns dann in Port Moresby erwarteten, überstiegen unsere schlimmsten Vorstellungen.
Papua-Neuguinea hat eine Urbevölkerung, die aus Dutzenden unterschiedlicher ethnischer Gruppen besteht. Die meisten sind melanesischer Herkunft. Hochländer sind bärtig, Tiefländer haben Hakennasen, einige Stämme tragen Rüstungen, es gibt Perücken-Männer, Schlamm-Männer, Krieger, Fischer, Bauern und Bergstämme. Mit Ausnahme der Menschen von den nördlichen Salomoninseln haben sie alle eines gemeinsam: Sie sind klein. Sehr klein. Sie können vielleicht nicht aufrecht unter einem Couchtisch stehen, aber die meisten von ihnen sind nicht viel größer als einszwanzig oder einsdreißig.
Als mein Mann, der einsdreiundachtzig groß ist und Schuhgröße sechsundvierzig trägt, in Port Moresby in einen Laden für Herrenoberbekleidung trat, schien der Verkäufer zu schwanken, ob er ihn von einer Startrampe schießen oder lieber doch im Stadtzentrum aufstellen und den Verkehr im Kreis um ihn herumleiten sollte. Für Port Moresby waren seine Maße einfach ungeheuer. Sicher gibt es im Ort auch ein paar Australier, aber meistens werden Sie auf kleine Menschen treffen, die sich ernsthaft auf Gürtelhöhe unterhalten.

Im übrigen sind die Papuas von Neuguinea die freundlichsten Menschen der Welt. Bei der erstbesten Begegnung schütteln sie ausgiebig Ihre Hand, wünschen einen schönen Tag und fangen eine Unterhaltung an. (Im Busch sind die Grußformen etwas drastischer. Frauen drücken sich gegenseitig beide Hände auf die Brust. Als ich wissen wollte, wie sich die Männer begrüßen, meinte unser Führer nur: »Ach, lassen wir das doch lieber.«)
Als mein Mann einige Minuten die Ständer mit Hemdchen und Höschen für Gartenzwerge durchgesehen hatte, meinte er: »Wir sind hier bestimmt in der Kinderabteilung.«
»Nein, nein, für Herren«, erklärte unser Verkäufer, ein ganz junger Mann, der ständig lächelte. Während er wartete, ob mein Mann nicht doch noch etwas fand, drehte er sich zu mir um und sagte: »Haben Sie gehört, daß Number One Jesus Man gerade da war?«
»Und wer soll das sein?« fragte ich.
»Der Papst. Kennen Sie ihn? Er kam nach Port Moresby und küßte den Boden.«
Ich erklärte ihm, ich hätte noch nicht das Vergnügen gehabt, ihn persönlich kennenzulernen.
»Sie sind doch aus Amerika?« versicherte er sich. Ich nickte. »Dann kennen Sie vielleicht einen Freund von mir. Er wohnt in Chicago.«
»Wie heißt er?« fragte ich.
Mein Mann sah mich an, als ob ich nicht ganz richtig im Kopf wäre. »Bist du verrückt?« flüsterte er. »Kennst du die Wahrscheinlichkeit von ...«
»Sein Name ist Joe«, sagte der Verkäufer.
»Ich kenne nur einen Joe in Chicago«, erklärte ich.
»Das wird er sein«, lächelte er glücklich.
Ich saß auf einem kleinen Stuhl und wartete, während mein Mann in die Umkleidekabine ging, wieder heraus-

kam, eine Zwergenmontur nach der anderen anprobierte und mich fragend ansah. Nach mehreren Hosen, die genug Hochwasser hatten, um darin durch eine Texasüberschwemmung zu waten, sagte ich: »Darf ich dir einen guten Rat geben? Bleib bei den Shorts.«
Ausgerüstet mit einer Sporttasche voller Unterwäsche, die mit Figuren aus alten Comic strips bedruckt waren, einem Paar Shorts und einigen wenigen T-Shirts machten wir uns auf zu unserem ersten Abenteuer in einem Land, in dem Frauen als Währung gelten und noch in den fünfziger Jahren in Einzelfällen zu festlichen Anlässen Kannibalismus praktiziert wurde.
Begrenzt wie die Garderobe war, nahm sie uns wenigstens wichtige Entscheidungen ab. Wir teilten die Zeit nach der Unterwäsche meines Mannes ein. Montags trug er den Aufdruck mit Fred Feuerstein, während die Mickymaus-Wäsche von Dienstag noch trocknete und Schweinchen Dick für Mittwoch gerade in der Wäsche war.
Die Vegetation im Hochland war unglaublich üppig und schön. Einmal deutete unser Fahrer auf eine abgelegene Stelle, wo einige Jahre zuvor ein Flugzeug eine Bruchlandung gemacht hatte. »Die Papuas sahen es zu Boden stürzen«, erzählte er, »und als sie die Absturzstelle erreichten, lebten zwei der Insassen noch.«
»Haben sie sie ins Krankenhaus gebracht?« fragte ich.
»Sie haben sie gegessen«, sagte er.
»Fangfrisch« bekam hier eine ganz neue Bedeutung.
Wir hielten vor ein paar Begräbnishöhlen an, wo die Dorfbewohner ihre Angehörigen bestatten, indem sie die Leichen auf einen Vorsprung klemmen oder sie an eine Wand lehnen. Unwillkürlich mußte ich an einen Kurort in Kalifornien denken, wo ich mal eine Woche zugebracht habe, aber das ist ein Kapitel für sich.
Rückblickend muß ich sagen, wenn man sein Gepäck

schon verloren hat, dann ist eine Fahrt auf dem Sepik noch das Beste, was man unternehmen kann. In dieser Gegend ist alles so ungezwungen und locker, daß es in ganz Kalifornien dagegen so steif zugeht wie auf einer Krönungszeremonie. Wir waren zehn Passagiere – die überwiegende Mehrheit Australier –, als wir an Bord des Flußdampfers »Melanesian Explorer« gingen.

Das Schiff war komfortabel und sauber, aber es hatte doch etwas von der »African Queen«. Ich sage das, weil wir am Abend in Madang vom Abendessen zurück an Bord kamen, um am nächsten Morgen, als wir nach dem Aufstehen mit einer Tasse Kaffee an Deck schlenderten, festzustellen, daß wir überhaupt noch nicht abgelegt hatten. Humphrey Bogart war immer noch dabei, den Motor zu reparieren.

Die Kabinen an Bord hatten eine Klimaanlage und waren laut Prospekt mit Duschen ausgestattet, aber ich sah nur eine Toilette. Als ich meinen Mann darauf hinwies, sagte er: »Schau doch mal nach oben.« Seit der Sache mit der Schlange im Nationalpark hatte ich das tunlichst vermieden. Ich richtete also mit gemischten Gefühlen die Augen zur Decke und war platt: Aus der Decke ragte tatsächlich eine kleine Düse, die es ermöglichte, gleichzeitig auf der Toilette zu sitzen und zu duschen, wenn man es eilig hatte.

Wundersamerweise hatte ich keine Probleme, meine Zeit auf der Explorer rumzukriegen. Ich las, schlief, und eines Abends forderte mich ein Moskito nach dem Essen zum Tanzen auf.

Eine Bemerkung über Moskitos und ihre Opfer: Es gibt zwei Sorten Menschen auf der Welt. Die einen ziehen Mücken an, die anderen nicht. Ich gehöre nicht nur der ersten Gruppe an, sondern habe darüber hinaus das Gefühl, daß sämtliche Moskitos eine Fachzeitschrift abon-

niert haben, aus der sie den Aufenthaltsort von Leckerbissen wie mir erfahren. Dann buchen sie sich einen Linienflug erster Klasse und treffen bald dort ein, wo ich gerade bin.
Manche Leute glauben, Mücken seien alle gleich. Das sind sie nicht. In Alaska haben die Mücken Rotorblätter wie Hubschrauber. Damit stehen sie fünf Zentimeter von Ihrem Gesicht entfernt in der Luft und brummen wie ein Seemannschor beim Einstimmen.
Im Südpazifik sind die Moskitos so groß, daß Fluglotsen sie auf dem Radar sehen können. Dabei sind sie erstaunlich leise. Wenn Sie merken, daß Ihre Haut immer blasser wird, werden Sie gerade angezapft. Es ist wie Blutspenden beim Roten Kreuz, bloß denken die Mücken nicht daran, Ihnen nach jedem Liter eine Ruhepause zu gönnen.
Auf unserer Fahrt den Fluß hinunter legten wir bei kleinen Dörfern an und besichtigten »Haus Tambarans«, ein großes zweistöckiges Gebäude. Hier blühen die Talente der Sepikbewohner durchaus nicht im Verborgenen – Holzschnitzarbeiten, Schmuck, primitive Masken und Bildergeschichten, und alles von der Hand einheimischer Künstler, die eine Art zu handeln haben, die es sonst nirgends auf der Welt gibt.
Ich nahm die urwüchsige Skulptur einer Mutter mit Kind zur Hand und fragte: »Wieviel?«
Der Eingeborene lächelte und erwiderte in perfektem Englisch: »Erster Preis: dreihundert Dollar. Zweiter Preis: achtzig Dollar.« Er wartete gespannt auf meine Entscheidung.
Manchmal, wenn wir abends mit Taschenlampen in einen Ort kamen, weil es dort keinen Strom gab, oder wenn ich den Männern zusah, wie sie einen neuen Einbaum aushöhlten, während ihre Kinder nackt im Fluß planschten,

spürte ich ein starkes Bedürfnis, diese friedliche Welt vor Fernsehwerbung für Hämorrhoidensalben und McDonald's zu bewahren. Nach einiger Zeit hörten wir von selbst auf, uns über die Unannehmlichkeiten aufzuregen, und ließen uns auf die neue Lebensweise ein. Ich war nicht mehr erstaunt darüber, in einem Flughafen als einzige Frau nicht gerade ein Kind zu stillen. Wenn das Flugzeug vollbesetzt war und noch ein »Vielflieger« mitwollte, der nichts als ein paar Gräser um die Hüften trug und mich mit Zähnen anlächelte, die rot vom Betelkauen waren, rückte er eben einen Sack Zwiebeln in den Mittelgang und setzte sich neben mich. (Ich glaube, Papuas würden ihre eigene Mutter in die Gepäckablage stopfen, wenn das der einzige freie Platz wäre.)

Auf einem Marktplatz fragte mich eines Tages ein Papua, ob ich verheiratet sei. Das sei ich allerdings, versicherte ich ihm. Ich konnte es kaum fassen, aber er forderte mich auf, ihm meinen Mann zu zeigen. Der war nun wirklich nicht zu übersehen. Er hat die blassesten Beine von Amerika und war hier der einzige Mann weit und breit, der ein Auto überragte.

»Sind Sie seine einzige Frau?« fragte der Papua.
»Ja«, sagte ich und setzte hinzu: »Wir sind katholisch.«
Er sagte, das sei er auch, und er habe drei Frauen. Ich überlegte, was Number One Jesus Man dazu wohl gesagt hätte.

Während es in unserem Zimmer in Kundiawa langsam hell wurde, stellte ich erleichtert fest, daß sich die Lage draußen beruhigt zu haben schien. Es war schon eine Weile her, daß ich Glas klirren oder Schußwaffen gehört hatte. Ich fühlte mich scheußlich. Ich hatte Kopfschmerzen, und mir war abwechselnd fieberig heiß und eiskalt. Stellenweise fühlten sich meine Knochen an, als hätte je-

mand sich einen Spaß daraus gemacht, darauf rumzuhüpfen. Ich robbte über den Fußboden bis ins Bad und knipste das Licht an. Was ich im Spiegel sah, war kein schöner Anblick. Meine Augen waren blutrot unterlaufen, meine Haut gelblichblaß. Ich ließ mich wieder auf den Boden nieder, robbte ins Bett zurück und rüttelte meinen Mann wach.
»Nicht erschrecken, ich bin's nur. Ich wollte dir nur Lebewohl sagen und deiner nächsten Ehefrau ausrichten, daß ich ihr nie verraten werde, wo ich mein Silber aufbewahre – und wenn sie schwarz wird vor Ärger: Du hast mich an diesen gottverlassenen Ort geschleppt, wo niemand je von Joan Collins gehört hat, doch ich will dir verzeihen.«
»Es war einfach zuviel für dich«, sagte er unbeeindruckt und gähnte. »Versuch zu schlafen.«
»Nur wenn du mir vorher eine Geschichte erzählst«, entgegnete ich störrisch.
Er seufzte. »Also schön. Welche willst du hören?«
»Erzähl mir noch mal die Geschichte, weshalb wir eigentlich hier sind.«
»Gut.« Er lächelte. »Aber versprich mir, daß du dann schläfst ... keine Hinhaltetaktik mit Aufstehen und noch Wasser trinken.«
»Es gibt hier kein Wasser«, erinnerte ich ihn.
»Richtig. Ja, jedenfalls gab es einmal vor vielen, vielen Jahren eine schöne Prinzessin. Sie lebte in einem Königreich am Stadtrand von Centerville in Ohio mit ihrem gutaussehenden Prinzen und ihren drei Kindern. Ihr Leben war märchenhaft, ausgenommen im Sommer, wenn alle ihre Freunde sich auf die Reise zu zauberhaften Orten machten und sie auf ihre Häuser aufpassen, nach ihrer Post sehen und ihre Hunde füttern mußte. Als wäre das noch nicht schlimm genug gewesen, kam jeden Sommer die Familie Semple zu Besuch ...«

Ich schauderte. »An der Stelle läuft es mir immer eiskalt den Rücken runter.«

»Ich weiß«, sagte er leise. »Die Zeit verging, und schließlich stampfte die Prinzessin mit ihrem königlichen Fuß auf und rief: »Es muß noch anderes im Sommer geben als das! Ich werde in die ganze Welt reisen und das Leben in vollen Zügen auskosten ...«

Bei diesen Worten schlief ich ein.

Centerville, Ohio

Im Haus von Helen und Hal fiel die Tür ins Schloß, und ich steckte ihren Hausschlüssel in meine Hosentasche wie die Oberaufseherin in einem Hochsicherheitsgefängnis. Es würde kein Vergnügen sein, Helen und ihrer Familie nach ihrer Rückkehr aus Hawaii erzählen zu müssen, daß ihr Vogel gestorben war. Oder daß ihr prächtiger Farn am Tag nach ihrer Abreise von einem tödlichen Hitzschlag dahingerafft worden war.
Als ich über den Rasen zwischen unseren Häusern schritt, fragte ich mich, ob Helens Mutter ihrer Tochter erzählen würde, wie sie vorbeigekommen war, um den Kühlschrank für die Rückkehr aufzufüllen, und ich sie für eine Einbrecherin gehalten und die Polizei gerufen hatte. Ich Dummchen! Aber vielleicht hatte Helens Mutter den Vorfall bis dahin schon vergessen.
Ich warf Helens Post und die Tageszeitung in einen Pappkarton im Flur an der Haustür und notierte mir in Gedanken, daß ich morgen die drei Bananen essen müßte, die sie neben der Spüle hatte liegenlassen. Sie zogen schon die Fliegen an.
Wie viele Sommer hütete ich Helens Haus nun schon? Wie oft hatte ich zum Abschied gewunken, als sie noch mal auf die Hupe drückten, bevor sie aus der Einfahrt setzten auf ihrem Weg ins Urlaubsparadies?
Wie viele malerische Postkarten waren in unserem Briefkasten gelandet? Unsere Familie fuhr nie in die Ferien. Immer kam was dazwischen. Kaum waren die Rechnungen der Weihnachtszeit getilgt, da bekam der Wagen einen Kolbenfresser, der Trockner brannte durch, der Kieferorthopäde verlangte 2000 Dollar, um einem Kind

die Zähne zu richten, das ohnehin nie lächelte. Dieses Jahr war es: »Papi! Papi! Das Gras vor meinem Zimmerfenster ist naß, matschig und stinkt!«
Es war unbegreiflich. Helen und Hal verdienten nicht mehr als wir, doch jedes Jahr brüteten sie über Katalogen, sparten und planten und – verreisten. Dann kamen sie alle vier erholt zurück, um es die nächsten fünfzig Wochen wieder mit den Raten für die Hypothek und den Reparaturen am Wagen aufzunehmen.
Seit unserer Hochzeit waren wir einmal weggefahren. Mein Mann arbeitete damals als Lehrer für Sozialkunde, und wir bekamen das Angebot, die Schüler der Klasse dreizehn auf einer Klassenfahrt nach Washington und New York zu begleiten, wobei die Reise für uns, die Aufsichtspersonen, kostenlos wäre. Jemand hätte uns vorwarnen sollen, daß der einzige Ort, den man ohne Risiko mit fünfunddreißig geschlechtsreifen Schülerinnen und Schülern der letzten Klasse besichtigen kann, der Nationalfriedhof von Arlington ist. (Und auch dann nur, wenn man sie alle an ein Seil bindet und im Gänsemarsch führt.)
Vor unserem Haus drückte jemand auf die Hupe und unterbrach meinen Anfall von Selbstmitleid. Es war Familie Semple – Howard, Fay und die drei Kinder –, pünktlich wie immer.
Alle fünf machten jeden Sommer bei uns Station auf ihrem Weg von Rochester nach Kalifornien, wo sie Howards Bruder besuchten. Es kam, wie es kommen mußte. Fay pflegte auszusteigen und zu sagen: »Laß uns auspacken. Wir haben so viel nachzuholen.« Nach einer Viertelstunde hatten wir alles nachgeholt und verbrachten die übrige Zeit mit Gesprächen über Benzinverbrauch, Gartenprobleme und die Beerdigungen von Leuten, bei denen wir so taten, als hätten wir sie gekannt, die wir aber nie kennen-

gelernt hatten. Genaugenommen kannten wir nicht mal Fay und Howard.
Als die Semples noch in Centerville wohnten, hatte ihre Tochter Sissy dieselbe Klavierlehrerin wie meine Tochter. Wir begegneten uns einmal im Jahr beim Vorspiel. Drei aufeinanderfolgende Jahre spielte Sissy »Fuchs, du hast die Gans gestohlen«. Kein Mensch brachte es übers Herz, den Semples zu erklären, daß ihre Tochter einfach ihr musikalisches Potential ausgereizt hatte. Einmal schüttete mein Mann Fay unabsichtlich Bowle über das Kleid. So kam es zu einer Unterhaltung, bei der Fay ihm erzählte, sie zögen nach Rochester, weil Howard dort eine Stelle angeboten bekommen hatte. Mein Mann, der keine Skrupel hat, wenn es darum geht, unser Haus in ein Hotel zu verwandeln, sagte: »Besuchen Sie uns doch, wann immer Sie durch Centerville kommen.«
Fay trug ihr sperriges Schminkköfferchen (sie trug es niemals weiter als einen Meter von ihrem Körper entfernt), während ich mit den Füßen einen großen Koffer auf Rollen bugsierte und in der linken Hand eine Reisetasche und rechts ein Seesäckchen unter dem Arm trug.
»Kippt Bill immer noch Frauen Bowle in den Ausschnitt?« fragte Fay kichernd.
»Mittlerweile kriegt er sogar Geld dafür«, sagte ich und lächelte.
Familie Semple hatte durchaus ihre Verdienste. Howard übte sein Leben lang für die Gurgel-Olympiade. Er fing damit jeden Tag vor Sonnenaufgang an, hielt bis zum Frühstück durch und gurgelte noch abends, wenn alle schon im Bett lagen und zu schlafen versuchten.
Fays Begabung bestand darin, haushaltsmäßig »abzusterben«, sobald sie ihr eigenes Zuhause verließ. Sie konnte keine Waschmaschine mehr anstellen, fand für kein Bügeleisen mehr die Steckdose und wollte einfach nicht be-

greifen, wie der Ofen anging. Sie machte nur die ganze Zeit eine hilflose Miene und wimmerte: »Wenn ich wüßte, wo alles hingehört, würde ich's ja wegräumen.« Dann ging sie nach nebenan, um fernzusehen.

Eines der Kinder, Howard Junior, brachte es fertig, fünfzehn Stunden am Stück einen Gummiball gegen die Hauswand zu schmettern. Sein Bruder Edwin stahl alles, was nicht niet- und nagelfest war, und Sissy, die aussah wie ein Rauschgoldengel, war der Teufel in Person. Sie schlich sich von hinten an, grub einem ihre Nägel ins Fleisch und machte ein unschuldiges Gesicht, wenn ihr Opfer vor Schmerz aufschrie.

Howard und Fay blieben gewöhnlich fünf Tage. Einmal blieben sie neun Tage, weil ihr Wagen repariert und ein Ersatzteil bestellt werden mußte. Die Werkstatt schien irgendwo am Nordpol zu liegen.

Als ich mich an diesem Abend vorsichtig in dem Etagenbett der Kinder umdrehte und die Star-Wars-Bettwäsche unters Kinn zog, dachte ich an Fay und Howard, die es sich in unserem breiten Bett bequem machten, und fragte mich, warum wir das eigentlich taten. Mal ehrlich – den Semples waren wir in Wirklichkeit egal. Wir waren für sie nur eine Raststätte, das letzte Gratisessen vor der Autobahn nach Kalifornien. Es war dreiundzwanzig Uhr. Howard gurgelte, und Howard Junior schmetterte seinen Gummiball immer noch gegen unsere Hauswand.

Unsere Gäste saßen den Morgen über gewöhnlich vor dem Fernseher, während ich meine Hausarbeit erledigte und ihr Mittagessen vorbereitete. Nachmittags machten wir dann unsere »Stadtrundfahrt«. Dazu gehörte die Einkaufsgegend, das Museum der Luftwaffe und das Gebrüder-Wright-Haus. Während wir stolz auf das Heim der Männer zeigten, die der Welt Flügel verliehen und das Le-

ben der Menschheit verändert hatten, knuffte Howard Fays Arm und sagte:»Wie's aussieht, wirst du wieder ›Alf‹ verpassen, Schatz.«
Der Abschied war immer tränenreich ... aus verschiedenen Gründen. Die Semples mußten zurück in eine Welt, in der Trinkgelder fällig waren und sie sich dumm und dämlich zahlen mußten, um zu essen, zu schlafen und ihre Wäsche gewaschen zu bekommen. Klein-Edwin würde die Entdeckung machen, daß Bilder in Hotels fest in der Wand verdübelt und Nachttischlampen angeschraubt sind. Wir weinten vor Freude. Wir durften zurück in unsere eigenen Betten.
Wieder einmal hatten wir einen Sommer mit den Semples überstanden. Doch dieses Jahr geschah etwas, das unser Leben veränderte. Zwei Tage nach der Abreise unserer Gastfamilie ging das Telefon.»Hier ist Howard. Tut mir leid, wenn ich euch bitten muß, die Kosten für dieses Ferngespräch zu übernehmen, aber ich bin in einer Tankstelle in Barstow, Kalifornien. Sissy hat uns gerade gesagt, daß sie ihren Goldhamster bei euch vergessen hat. Er steckt in einem Haferflockenkasten mit Löchern im Deckel. Sie hat ihn hinter der Kommode im Flur vergessen.«
»Keine Sorge«, entgegnete ich steif.
»Der Hamster ist trächtig«, fuhr er fort,»und das Tier ist ziemlich wichtig für Sissy. Wenn ihr so nett sein könntet, euch um den Hamster und die Jungen zu kümmern, bis wir auf der Rückreise wieder vorbeikommen, wären wir euch sehr dankbar.«
Als ich den Hörer auflegte, hatte ich das Gefühl, vor Wut gleich zu platzen. Ich rief die Familie zusammen und erklärte mit zitternder Stimme:»Das Bombeck Hilton hat in Zukunft während der Monate Juni, Juli und August geschlossen. Hier wird keiner mehr verpflegt, nur weil er

herausgefunden hat, wo wir wohnen, und ich passe für keine Nachbarn mehr auf ihr Haus auf, die mir von ihrer Weltreise Postkarten mit Mahnungen schicken, die ›Bäume bräuchten viel Wasser‹, und ich solle die ›Wurmkur für den Hund nicht vergessen‹. Von nun an werden wir zu den Familien gehören, die die Welt bereisen und das Leben in vollen Zügen auskosten. Wir werden uns an der Schönheit majestätischer Berge erfreuen, an historischen Sehenswürdigkeiten satt sehen und uns an einsamen Sandstränden in der Sonne aalen. Die Bombecks werden in Urlaub fahren!« Ich machte eine Atempause und hob die Faust.

»Und bei allem, was mir heilig ist, ich schwöre, ich werde nie wieder die Semples bewirten!« Die Blicke meiner Familie hingen an meiner geballten Faust, die ich über den Kopf gestreckt hielt – und darin gekrallt den schwangeren Goldhamster.

Muß die ganze Stadt wissen,
daß wir wegfahren?

»Wenn man die Stadt verläßt, ist es ratsam, so wenig Leuten davon zu erzählen wie möglich«, meinte mein Mann.
Ich hasse es, wenn er so mit mir redet. Wofür hält er mich? Für dumm? Die einzigen Menschen, denen ich von unserer Reise erzählte, waren:
Tim, unser Zeitungsjunge, der es seinem Chef und seiner Vertretung sagen mußte.
Ralph, unser Briefträger, der nicht nur unsere Post lagern wollte, sondern anbot, im Postamt eine Anzeige an das Schwarze Brett zu hängen, damit jemand unseren Rasen mähte.
Helen, die unseren Hausschlüssel bekam.
Das gesamte Wartezimmer in der Tierpension, wo ich den Hund unterbrachte.
Mein Friseur, die Zahnärztin, der Aerobiclehrer und die übrigen Frauen im Kurs.
Die Frau in der Bank, die unsere Reiseschecks fertig machte.
Shirley vom Automobilklub, die uns die Karten für die Reise zusammenstellte.
Die Verkäuferin, die mir mit dem Badeanzug half, und der nette Mann, bei dem ich den Koffer gekauft hatte.
Der Milchmann, dem ich von dem Schlüssel erzählt hatte, den ich unter dem weißen Stein am Ende der Ausfahrt aufbewahre.
Die Leute in der Reinigung ... als wir ins Plaudern kamen.
Sam, unser Apotheker, der mir ein Sonnenschutzmittel empfohlen hatte.

Der Baseballtrainer der Kinder und der Mannschaft.
Evelyn, die Stefs Kindergeburtstag vorbereitete und wissen mußte, warum wir nicht kommen konnten.
Unsere Klatschkolumnistin Marjabelle Mix, die es in der Lokalzeitung brachte.
Vielleicht habe ich nicht viel Erfahrung in Sachen Urlaub, aber ich weiß genug, um kein großes Aufsehen von meiner Abreise zu machen.

Kanada

Als wir den Sieben-Meter-Wohnwagen das erste Mal sahen, stand er auf einem Abstellplatz und trug Nummernschilder, die seit fünf Jahren abgelaufen waren. Das »Zu verkaufen«-Schild war halb verwittert.
Unsere gesamte Familie umkreiste aufgeregt den Wohnwagen und fragte sich, was für Menschen das sein mußten, die sich freiwillig von so einem Prachtstück trennten. Das Ding sah sehr robust aus und roch förmlich nach Abenteuern. Während mein Mann und der Eigentümer gegen die Reifen traten, nahm seine Frau mich und die Kinder mit zu einer Besichtigung ins Wageninnere.
Sie ging schnell vor. Sie riß die Kissen vom Sofa und schmiß sie in das Besenschränkchen, klappte den Tisch zu einem Bett aus und machte aus dem Bücherregal eine Schlafkoje.
»Erstaunlich«, sagte ich. »Wie kommt man denn in die Koje?«
»Entweder treten Sie auf die Person, die auf dem Tisch schläft, oder Sie ziehen sich hoch, indem Sie den Fuß auf den Herd stellen. Man muß nur aufpassen, daß der Herd ausgeschaltet ist«, fügte sie lakonisch hinzu.
Ich lächelte. »Die Küche kommt mir etwas klein vor. Gibt es hier einen Kühlschrank?«
»Sicher gibt es einen Kühlschrank«, sagte sie. »Sie verdecken ihn gerade mit Ihrer Handtasche. Um ihn zu öffnen, müssen alle außer Ihnen den Wagen verlassen. Wenn die Tür aufgeht, setzen Sie sich schnell in die Spüle.«
Ich kam kaum nach, als sie schon zur nächsten Abteilung vorstieß. »Hier haben Sie das eigentliche Schlafzimmer.«
Zu beiden Seiten des kleinen Mittelgangs gab es ein Eta-

genbett. »Sogar eine Toilette haben wir«, fügte die Dame triumphierend hinzu.
»Und wo ist die Tür?«
»Tür gibt's keine«, sagte sie. »Sie werden die Toilette sowieso nicht benutzen. Sie stinkt. Unter den Betten ist übrigens jede Menge Platz für Lebensmittel, Kleider und Decken. Haben Sie die Schränke an den Wänden bemerkt? Sagen Sie Ihrem Mann, er soll nicht abrupt bremsen, sonst fliegen alle Türen auf, und Sie haben drei Tage aufzuräumen.«
Meine Finger tasteten nach einer Düse, die an einem Schlauch befestigt war. »Wie praktisch. Eine Gemüsebürste in der Dusche.«
»Das *ist* die Dusche«, erwiderte sie knapp.
Ich rannte zur Tür, aber es war bereits zu spät. Mein Mann schüttelte die Hand des früheren Eigentümers, der seiner Frau jetzt fröhlich mit einem Scheck entgegenwinkte.
Als wir den Wohnwagen an unser Auto hängten, steckte der Mann den Scheck ein und meinte zu seiner Gattin: »Da verschwindet ein Teil unserer Geschichte, Mutter. Wir werden es vermissen.« Ihre Augen blieben trocken.
»Wie die Weltwirtschaftskrise«, sagte sie.
Mit drei Kindern und einem Wohnwagen unterwegs – das ist nicht gerade die schnellste Art zu reisen. Rückblickend muß ich sagen: Ich hätte nie mehr Kinder bekommen dürfen als Fenster im Auto waren. Ehrlich gesagt – nach einer Woche mit ihnen im Auto, nach allem, was ich heute weiß, hätten mein Mann und ich uns einen Porsche kaufen und Kinder mieten sollen.
»Mami, wo fahren wir noch mal hin?« greinte das Kind, das auf dem »unbequemen« Mittelsitz saß. Ich umklammerte das Lenkrad und sah starr geradeaus. »Frag deinen Vater.«

Mein Mann ließ die Straßenkarte sinken. »Lenkt eure Mutter nicht ab. Sie fährt. Wir werden bald eines der atemberaubendsten Naturschauspiele der Welt erleben, die Fundy-Bucht in Neubraunschweig, Kanada.«
»Weshalb wollen wir da noch mal hin?« quengelte eine andere gelangweilte Stimme.
»Weil es dort etwas gibt, das nur wenige Menschen je zu Gesicht bekommen ... den höchsten Unterschied zwischen Ebbe und Flut auf der Erde – schon bei ruhiger See vierzehn Meter, bei Springflut einundzwanzig Meter.«
»Wo wir gerade vom Wasser reden«, tönte die dritte Stimme von hinten, »ich muß mal.«
»Das hättest du erledigen sollen, bevor wir losgefahren sind«, sagte das Familienoberhaupt streng.
»Papa! Das war vor drei Tagen. Mami, halt bitte mal an.«
»Ich habe es euch doch gesagt: Laßt eure Mutter zufrieden. Sie hat alle Hände voll zu tun, diesen Sattelschlepper zu lenken«, meinte mein Mann unwirsch.
Damit hatte er recht. »Mami« fuhr nicht einfach Auto. Sie umklammerte das Lenkrad, als ob sie ein Panzerfahrzeug mit radioaktivem Atommüll steuerte. Bei jedem Blick in die großen Außenspiegel sah ich hinter mir sieben Meter Wohnwagen und einen Stau, der bis zurück an die Grenze der USA zu reichen schien.
Die letzten tausend Kilometer war ich hinter Ruby und Rusty aus Indiana in ihrem Wohnmobil namens »Wahre Liebe« hergezuckelt. Allein der Gedanke daran, sie zu überholen, hätte bei mir vorzeitig die Wechseljahre ausgelöst.
Von Ferien war bisher nicht viel zu merken. Keiner von uns hatte geahnt, wie anstrengend es sein würde, mehrere Tonnen Gewicht über die Autobahn zu ziehen. Dieses liebenswerte Halsabschneiderpärchen, das uns den Cam-

pinganhänger verkauft hatte, hatte uns wohlweislich verschwiegen, wieviel Freude es machte, mit ihrem Gefährt nachmittags um fünf durch die Innenstadt von Detroit zu fahren, oder wie aufregend es sein konnte, auf einer Brücke, die gerade breit genug für einen Kleinwagen und ein Fahrrad war, einem entgegenkommenden Fahrzeug zu begegnen. Und sie hatten uns in keiner Weise auf das allabendliche Ritual namens »Parken Sie Ihr Heim auf Rädern« vorbereitet.

Beim Einparken wirkte die gesamte Familie mit. Mein Mann saß am Steuer und starrte krampfhaft in die beiden großen Außenspiegel, während sich am rechten Hinterrad ein Kind in der Nase bohrte und am linken Hinterrad ein Kind Steine auf Eichhörnchen warf; das dritte Kind suchte derweil nach einer Toilette. Meine Aufgabe bestand darin, das Unternehmen zu koordinieren.

»Dreh nach da!« rief ich.

»Wohin? Ich kann dich nicht sehen. Was heißt ›da‹?«

»Links. Dreh nach links.«

»Den Wohnwagen oder das Auto nach links?« rief er.

»Recht so.«

»Wie – ›recht so‹? Heißt das, ich fahre richtig, oder soll ich mehr nach rechts? Ich kann dich bei dem Regen kaum sehen.«

»Weil du nicht zugehört hast, als ich ›Halt!‹ gerufen habe. Im übrigen regnet es gar nicht. Du hast gerade den Wasseranschluß vom Campingplatz gerammt.«

»Ich setze wieder vor. Und gib mir um Gottes willen bessere Anweisungen. Wieso winkst du jetzt? Soll ich in die Richtung fahren?«

»Ich winke unseren Nachbarn.«

»Laß doch mal die Nachbarn, bis wir mit dem Einparken fertig sind. Dann kannst du dich immer noch mit ihnen anfreuden.«

»Wir freunden uns besser sofort an. Du bist ihnen hinten in ihr Zelt gefahren.«
Dieses Einparken blieb immer ein Problem. In Quebec fuhren wir mit hungrigem Magen von morgens bis nachmittags auf der Suche nach einem geeigneten Parkplatz für unseren Kleinlaster herum – wir hätten etwas in der Größe eines Fußballstadions gebraucht. Mein Mann stellte sich schließlich in seiner Verzweiflung direkt an eine stillgelegte Eisenbahnstrecke. Nach dem Essen kümmerten mein Sohn und ich uns darum, die Miniküche wieder klarzumachen. Die übrige Familie ging spazieren. Da hörte ich die Lok pfeifen und erstarrte.
Komisch, woran man so denkt, wenn einem das letzte Stündchen auf Erden geschlagen hat. Man tut nicht das, was man angeblich tun soll – sein Leben an sich vorüberziehen lassen oder auf die Knie fallen und seine Sünden bekennen. Alles, woran ich denken konnte, waren die Frauen auf der Titanic, die sich an dem Abend, als das Schiff den Eisberg rammte, ihren Nachtisch verkniffen hatten, weil ihre Kleider spannten. Als mein Sohn summte: »Näher mein Gott zu dir«, stopfte ich mir einen Schokoriegel in den Mund, und der Zug donnerte vorbei. Jeder Teller im Anhänger krachte zu Boden.
Ich mußte wieder an das Wohnmobil »Wahre Liebe« denken und fragte mich, ob Rusty und Ruby aus Indiana sich gut amüsierten. Menschen, denen man tausend Kilometer hinterherfährt, lernt man ziemlich gut kennen. Ich wußte, daß sie ein »Baby an Bord« hatten, Williamsburg und den Freizeitpark Knotts Berry Farm besichtigt hatten und im Verein der Schußwaffenbesitzer waren. Sie mochten die Landstraße, und auf einem Aufkleber auf ihrer Stoßstange stand »CAMPER SIND DIE EHRLICHSTEN MENSCHEN DER WELT« (und natürlich hatten sie ein Tankschloß).

Irgendwie wußte ich auch, daß Ruby zum Kartenlesen verdammt war, während ihr Mann am Steuer saß und erklärte, daß er »verdammt noch mal nach Osten fahre, und wenn dort die Sonne untergeht, hat Gott eben einen Fehler gemacht!« Rusty war mürrisch, weil er noch keine Gelegenheit gefunden hatte, die Toilette in seinem Wohnmobil auszuleeren, und sie deshalb nicht benutzen konnte. Ruby machte sich Sorgen, die Bremsen könnten versagen, wenn sie bergab fuhren. Ohne Waschmaschine hatte ihr Leben sowieso seinen Sinn verloren. Und der große Suppentopf, in dem sie sonst Spaghetti kochte, war jetzt randvoll mit Köder, die ihr Mann zum Angeln unbedingt brauchte. Die verzogenen Kinder bestellten sich im Restaurant teures Essen und aßen dann nur die Gewürzgurke. Ihrem Hund wurde vom Autofahren schlecht, und er streckte seinen Kopf zum Fenster heraus und seinen Hintern in Rubys Gesicht.

Mein Mann ließ wieder einmal die Karte sinken. »Wir sind heute nur zwanzig Kilometer weit gekommen. Kein Wunder. Schau mal, wer vor uns fährt. Da sind wieder Rusty und Ruby. Überhol die doch. Die fahren bloß 50 Kilometer pro Stunde.«

»Wir fahren gerade bergauf«, entgegnete ich. »Der Motor zieht nicht.«

Bergab steigerte sich Rusty auf 30 Kilometer die Stunde. Irgendwie war der Mann ein Phänomen. Er hielt nie mal wegen der Aussicht an. Mußte nie tanken. Seine Blase mußte die Größe eines Medizinballs haben. Und wenn er nicht zulegte, würden wir die Fundy-Bucht nie erreichen.

Alles in allem dauerte die Reise einen Monat. Sie führte uns durch die atemberaubenden Wälder Ontarios, wo wir die Abende damit zubrachten, den Bären beim Fressen

auf der Müllkippe zuzusehen. Wir bugsierten unseren Wohnwagen zentimeterweise durch die engen Kopfsteinpflasterstraßen von Quebec und fuhren jeder Biegung des St.-Lorenz-Stroms und der schlangenförmig gewundenen Küste der Halbinsel Gaspé nach. Auf der Prinz-Eduard-Insel suchten wir die Strände nach Muscheln ab, und in Neuschottland saßen wir im Gras und hörten Dudelsackkonzerte.

Nun ja – »wir« ist vielleicht nicht ganz der richtige Ausdruck. Ich nämlich schleppte derweil Wasser und Müll, machte Feuer und verbrachte den größten Teil des Tages in einem Waschsalon. Während mein Mann und die Kinder auf Pionierzeit und Planwagen machten, versuchte ich, das passende Kleingeld für die Münzwaschmaschinen zu ergattern, und kam in den unbeschreiblichen Genuß, der gesamten Familienunterwäsche beim Herumwirbeln in der Waschtrommel zuzusehen.

Alles in allem war dieser Campingurlaub wahnsinnig locker. Ungefähr so locker wie eine Geburt. Jeder Tag schuf neue Herausforderungen und Geduldsproben. Doch gleichgültig, wie oft wir platte Reifen wechselten, wie oft wir Sachen reparieren lassen mußten, die überkochten oder tropften ... egal wie oft ich in Versuchung geriet, mir eine Halskette aus Beruhigungstabletten anzufertigen, um den ganzen Tag daran zu lecken, unser Ziel hielt uns immer aufrecht. Wir waren unterwegs, um die gewaltige Flutwelle der Fundy-Bucht zu sehen. Keiner unserer Nachbarn hatte so etwas je zu Gesicht bekommen.

Wir erreichten den kleinen Ort Moncton in Neubraunschweig am frühen Nachmittag und fuhren unseren Wohnwagen ans Ufer des Petitcodiac-Flusses. Mein Mann war ganz mit seiner Kamera beschäftigt, die er sorgfältig auf einem Stativ aufbaute und nach verschiedenen Richtungen ausprobierte. Ich teilte an die Kinder Regenhäute

aus, mit der Anweisung, in sicherer Entfernung zu bleiben und sich an Mamis Händen festzuhalten, damit sie nicht in den ungeheueren Sog der Wellen gerissen würden.
Um fünf nach drei ließ das erwartungsvolle Geraune unter den Zuschauern, die sich nach und nach eingefunden hatten, nach. Es war beängstigend still, als die Feldstecher auf das in der Entfernung heranflutende Wasser gerichtet wurden.
Wir strengten unsere Ohren an, um den Donner der Wogen zu hören, von denen wir wußten, daß sie gleich gegen das Ufer schlagen würden. Unsere Blicke suchten nach dem wilden Wall der Brandung, der uns naß und atemlos machen würde.
Um zehn nach drei schoben sich ein paar Eimer braunen Wassers das Flußbett hoch – das Ganze war etwa so aufregend wie der Anblick einer verstopften Toilette. Wir fünf blickten stumm, als sich das Rinnsal träge am Ufer brach.
Die Zuschauer waren regelrecht unterwältigt und rührten sich nicht. Es dauerte lange, bevor jemand in unserer Familie ein Wort sagte. Etwa siebentausend Kilometer, um genau zu sein.
Im Herbst verwendeten die Kinder den Wohnwagen dann für ihre Freunde, wenn sie über Nacht bleiben wollten. Die übrige Zeit stand das Ungetüm zwischen den Mülltonnen und der Garage und verdarb uns die Laune. Genauso wie die Tatsache, daß niemand auf das »Zu verkaufen«-Schild im Rückfenster reagieren wollte.
Im folgenden Winter klopfte ein junges Ehepaar an unsere Tür und wollte sich den Wohnwagen ansehen. Der Mann war als Soldat in der Nähe stationiert und suchte für seine Frau und sich eine billige Wohngelegenheit, die sie in der Nähe der Basis abstellen konnten. Während un-

sere Ehemänner gegen die Reifen traten, zeigte ich der jungen Braut den Wohnwagen von innen. Als ich fertig war, meinte sie schüchtern: »Die Spüle wirkt ziemlich klein.«

»Das sieht nur so aus«, sagte ich. »Sie bietet bequem Platz für eine Person.«

»Woher wissen Sie das?« fragte sie.

»Werden Sie den Kühlschrank oft benutzen?«

Sie zögerte. »Ich glaube nicht.«

»Dann ist es nicht so wichtig«, meinte ich lächelnd.

Als sie zu ihrem Mann lief, war es zu spät. Mein Mann hielt bereits den Scheck in der Hand.

Den Rest des Winters dachte ich oft über unseren ersten Versuch nach, das Leben auf neue Art zu genießen. Ob es wohl Ferien gab, bei denen man nicht sein eigenes Toilettenpapier mitbringen und die eigene Gülle verklappen mußte? Gab es irgendwo ein Wunderland, wo das Nachtleben mehr zu bieten hatte als einen Förster, der sich mit einem Streichholz in den Zähnen stocherte, während er uns Dias über Sumpfschildkröten zeigte?

Einige Freunde von uns hatten tatsächlich Reisen unternommen, auf denen sie nicht mit Butangas kochen mußten oder Nachbarn hatten, deren Autoradio so laut dröhnte, daß man einen Gehörschaden bekam. Sie hatten eine Welt kennengelernt, in der greinende Kinder zu anderen Leuten gehörten und niemand ihnen ein klebriges Kaugummi in die Hand drückte, sobald sie nur die Arme hinter dem Kopf verschränkten, um sich zu entspannen.

Das war die Welt, die ich entdecken wollte.

»Liebling, wir haben die Kinder geschrumpft!«

Sobald meine Kinder ihren eigenen Literaturagenten bekommen (und das ist nur eine Frage der Zeit), wird das erste Kapitel ihrer Enthüllungsmemoiren diesen Augenblick in allen Einzelheiten beschreiben.
Sie mußten ihren Rabeneltern zusehen, wie diese für ihre dreiwöchige Europareise packten.
Während sie mit Tränen der Zurückweisung kämpfen, werden sie daran denken, wie sie damals vollkommen allein zurückbleiben mußten, mit Spielzeug im Wert von lächerlichen 5000 Dollar, einer Stereoanlage für 2000 Dollar, genug Limonade und Cola, um damit die »Queen Elizabeth II« vom Stapel laufen zu lassen, farblich abgestimmten Menüs und einem überbezahlten Kindermädchen, das ihnen so eng auf der Pelle saß wie Madonnas Leibwächter. Sie werden erzählen, wie ihre Mutter 30 000 Kilometer weit im Flugzeug einen hochgiftigen Kugelfisch im Wasserbehälter zwischen den Knien balancierte, um ihre Zuneigung wiederzugewinnen. Ihr Buch wird zu Boulevardschlagzeilen führen wie »Mein Vater ließ mich im Stich«.
Die große Frage, um die es hier geht, lautet nicht, ob Eltern ihre Kinder mit in den Urlaub nehmen oder zu Hause lassen sollten. Es geht nur um die Frage: Ab wann kann man sie frühestens loswerden?
Die Antwort lautet: Je früher desto besser. Leute, die glauben, erst Teenager besäßen genug Verstand, um sie allein lassen zu können, werden überrascht sein.
Ein Dreijähriger ist wenigstens nicht dazu in der Lage, in einer Woche mit Ihrem Wagen fünfhundert Kilometer zu fahren oder Diät-Cola in den Kühler zu kippen, wenn er

überkocht. Welche Dreijährige kriegt es fertig, hundert ihrer engsten Freundinnen und Freunde zu einer Fete einzuladen, bevor Ihr Flugzeug auch nur abgehoben hat? Ein kleines Kind kommt auch nicht auf die Idee, die Glastür, durch die jemand einen Stuhl geworfen hat, mit dem »Geld für Notfälle« zu bezahlen.

Eltern, die ihre Kinder noch nie für längere Zeit alleingelassen haben, machen sich schon vor dem Urlaub verrückt, weil sie fest davon überzeugt sind, die ganzen Ferien über von Gewissensbissen geplagt zu werden. Sie quälen sich mit Gedanken an die kleinen Engel, wie sie mitten in der Nacht aufwachen und rufen: »Mami! Papa!«

Sie bestrafen sich mit der Erinnerung an die verweinten Gesichter ihrer Kleinen, wie sie sich an die Fensterscheiben preßten und zum Abschied winkten.

Dieses Gefühl hält sich zehn bis fünfzehn Minuten – höchstens.

Packen

Man macht sich nie klar, wie unterschiedlich Ehepartner sind, bis beide für eine Reise packen. Mein Mann hat offenbar nie von der alten Reiseweisheit gehört, die da lautet: Nimm nur halb soviel Kleidung mit, wie du vorgehabt hast, und doppelt soviel Geld.
Auf seinem Bett stapelt sich vor jedem Urlaub seine komplette Garderobe.
Falls jemand ihm auf Reisen »zufällig« den Friedensnobelpreis verleihen sollte, kann er passend gekleidet erscheinen.
Er hat die nötige Ausrüstung, um als Söldner mit dem Fallschirm hinter den feindlichen Linien abzuspringen oder um ein Torpedoboot durch einen Sturm zu manövrieren.
Ob Langstreckenlauf, Kostümparty, Hotelbrand, Kegelturnier, Western-Grillparty oder vierzig Tage und vierzig Nächte Regen – er ist vorbereitet.
Er kann eine Unterwasser-Hochzeit besuchen oder eine Bergwanderung machen, Reifen wechseln oder ein Schiff taufen.
Er hat Kleider dabei, die er gegen Maultiere eintauschen oder mit denen er im kolumbianischen Dschungel einen Pfadfinder anheuern kann. Ob Schnorcheln oder Safari, Teetrinken, Lagerfeuer oder eleganter Salon – er hat die passende Garderobe.
Er besitzt ein Bügeleisen, das 368 Gramm wiegt und sich auf Kugelschreibergröße zusammenfalten läßt, einen Haartrockner und eine Weltzeituhr, die anzeigt, wie spät es gerade da ist, wo wir nicht sind (und nichts davon paßt in eine ausländische Steckdose).

Er nimmt seine eigene Kaffeekanne mit, einen Kassettenrecorder und eine Sporttasche voll mit Sprachlernkassetten. Er hat Tom Clancys letzten 800-Seiten-Schinken im Hardcover dabei, einen Feldstecher, einen Taschenrechner, mit dem man Dollarbeträge in fremde Währung umrechnen kann, bleibeschichtete Beutel als Schutz für seine Filme, ein Schweizer Taschenmesser und mehrere Rollen Toilettenpapier. Und jeden seiner Schuhe verpackt er wie ein Weihnachtsgeschenk.
Schließlich legt er in ausgewählten Reisetaschen kleine Lebensmittelvorräte an. An diese Taschen klammert er sich wie an Diplomatengepäck. Er hat Müsli dabei, Kräkker, Trockensuppen, Obst, Dauerwurst, Gummibärchen und Schokoriegel. Ich weiß nicht, wie ich ihm beibringen soll, daß es so was auch in London gibt.
Ich dagegen befolge stets die Ratschläge von Susi Satteltasch. Sie ist eine wirkliche Expertin in punkto Reisen und spricht einmal im Monat aus dem Fernsehen zu uns. Vielleicht ist Susi Satteltasch ein Künstlername – jedenfalls gibt sie gute Tips.
Susi sagt, wenn Sie wirklich ökonomisch packen, können Sie aus einer Garderobe von zwölf Teilen hundertfünfunddreißig Kombinationen machen und drei Wochen lang gut angezogen sein.
Auf meinem Bett lag fein säuberlich mein Ensemble: ein Basiskleid, ein Rock zum Wenden, Blazer, Shorts, Hosen, Bluse, T-Shirt, Wolljacke, zwei Schals, Schirmmütze und ein Overall für die Fahrt plus Unterwäsche und ein paar Toilettenartikel.
Wenn wir das Gepäck meines Mannes vor der Haustür stapeln, denkt jeder, es handele sich um die Tournee-Ausrüstung für das Musical »Starlight Express«.
Doch diesmal überspannte er den Bogen wirklich. Gerade als ich meinen handlichen Koffer zumachen wollte, fragte

er scheinheilig: »Du hast doch sicher noch ein Plätzchen für mein Stativ?« Für diejenigen unter Ihnen, die glauben, daß Fotos auf Postkarten wachsen, füge ich hinzu, daß ein Stativ ein dreibeiniges Gestell ist, auf dem eine Kamera so festgemacht wird, daß nichts verwackeln kann. Voll ausgefahren erreicht ein Stativ Hüfthöhe und wiegt etwa zwei Kilo.

Männer mit Stativen erzählen gern, wie sie es geschafft haben, einen Kolibri beim Schielen zu fotografieren oder eine Wolke über dem Kreml aufzunehmen, die die Form von Gorbatschows Stirnfleck hatte – in den seltensten Fällen werden sie verraten, daß ihr Stativ dabei friedlich in einer Ecke des Hotelzimmers lag.

»Wozu brauchst du ein Stativ?« fragte ich geduldig.

»Nur für den Fall, daß ich meine Kamera fixieren muß, wenn ich eine atemberaubende Aufnahme von den Alpen mache oder so.«

»Du benutzt doch sowieso nur die Pocketkamera von meinem Vater. Was gibt's da zu fixieren?« fragte ich.

Doch sollte ich mich streiten? Ich drückte das Stativ auf mein Ensemble aus zwölf Teilen mit einhundertfünfunddreißig Kombinationsmöglichkeiten, in dem ich drei Wochen gut angezogen sein würde.

Ich klappte meinen Koffer zu, verschloß ihn und setzte mich zum Warten auf das Bett.

Bis zu unserer Abreise nach Europa waren es noch zwei Wochen.

Europa in 21 Tagen

»Es ist unser neuntes Land und unser vierzehntes kontinentales Frühstück«, wiederholte ich gereizt.
Mein Mann schüttelte den Kopf. »Da irrst du dich ganz gewaltig. Es ist unser fünftes Land und unser zwölftes kontinentales Frühstück.«
Ich wedelte mit dem Reiseplan vor seiner Nase, während unser Bus über die deutsche Autobahn raste. Wir hatten uns seit Amsterdam gezankt (oder war es Österreich), und wußten eigentlich gar nicht so recht warum. Ich schob die Schuld für unseren Mißmut auf das kontinentale Frühstück. Ich war mir sicher, daß es Stimmungsschwankungen und bleibende Schäden verursachte.
Vom ersten Tag an hatte es jeden Morgen das gleiche zum Frühstück gegeben: eine Papierserviette, ein Messer, einen Löffel und eine Gabel, für die wir keine Verwendung hatten, Obstsaft aus der Dose, einen Becher Kaffee oder Tee und abgepackte Butter und Marmelade. Die Krönung waren zwei staubtrockene, harte Brötchen.
Zu Anfang unserer 21-Tage-Reise durch neun europäische Länder machten alle aus der Reisegruppe noch Witze, wenn ihnen das kontinentale Frühstück vorgesetzt wurde. Frauen zwickten sich in die Taille und meinten augenzwinkernd: »Genau das, was ich brauche. Ich habe mir sowieso vorgenommen, etwas abzuspecken.« Als die erste Woche zu Ende ging, war uns auch das Scherzen vergangen. Keiner sagte mehr ein Wort, wenn der Korb mit den Brötchen auf den Tisch gestellt wurde. Wir alle kannten die grausame Wahrheit. Das kontinentale Frühstück ist ein permanenter Angriff auf die schlanke Linie. Obwohl man das Gefühl hat, kaum etwas gegessen zu haben, ver-

teilt sich dieses wenige so geschickt auf Hüften und Schenkel, daß man in kurzer Zeit selbst so rund ist wie eine Semmel.

Mein Mann warf dem Reiseunternehmen vor, jeden Morgen dieselben Brötchen auszuteilen. Er behauptete, die übriggebliebenen Brötchen würden jeweils eingesammelt und an unser nächstes Reiseziel vorausgeschickt. Ich sagte ihm, das sei lächerlich, aber er blieb dabei. Er ritzte in Dublin seine Initialen mit Datum in ein Brötchen und sagte, er würde den Beweis antreten, sobald wir nach Paris kämen.

Wir wußten von vornherein, daß die Reise straff durchorganisiert war. Schließlich hatten wir es ja so gewollt, oder? Wir waren Reiseneulinge und das erste Mal in Europa. In der kurzen Zeit, die uns zur Verfügung stand, wollten wir soviel wie möglich sehen. Wir unterwarfen uns einem Schreckensregiment, aber dafür war ständig jemand da, der für uns übersetzte, sich um uns kümmerte, der uns sagte, was und wo wir essen, wohin wir gehen und wann wir zurück sein sollten, der genau wußte, wessen Gepäck fehlte und der uns vor den ganzen Ausländern beschützte, die uns durch die getönten Reisebusfenster anstarrten.

Als der Bus an Fahrt gewann, zog links das gewaltige Schild »Ausfahrt« vorbei, und alle im Bus verdrehten die Augen, weil sie wußten, was jetzt kam. Das deutsche Wort »Ausfahrt« erinnert an das amerikanische Wort »fart«, was »Furz« bedeutet, und jedesmal, wenn wir es sahen, konnten wir darauf zählen, daß der siebenundachtzigjährige Mr. Fleck sagen würde: »Meine Mutter erlaubt mir solche Ausdrücke nicht.« Ich wollte schreien, wo er sich seine Mutter hinstecken konnte, aber mein Mann hielt mir mit der Hand den Mund zu und sagte: »Das kommt nur von den harten Brötchen.«

Auf Gruppenreisen dauert es nie lange, bis man die anderen Mitreisenden eingeschätzt und mit einem Etikett versehen hat. Sie sind so stereotyp wie Figuren aus einem englischen Kriminalroman. Es scheinen immer die gleichen Leute zu sein, die eine Gruppenreise machen – vielleicht sind sie einem deshalb so vertraut wie ein altes Paar Schuhe. Gesichter und Namen mögen wechseln, die Grundtypen bleiben ein fester Bestandteil jeder Reise.
Ganz vorne sitzt (immer!) die Gesundheitsfee der Gruppe, eine pensionierte Englischlehrerin aus Boston, die ein Logbuch darüber führt, wer nicht pünktlich ist und wer sich in der Nacht »reingeschlichen« hat. Jeden Morgen gibt sie bekannt, wer welche gesundheitlichen Probleme hat und wo er sie sich geholt hat. Sie wirft mit medizinischen Fachausdrücken nur so um sich und trägt eine Handtasche von den Ausmaßen eines Arztkoffers. Falls Ihre Knöchel geschwollen sind oder Ihnen vom Busfahren übel wird, falls Sie an Halsentzündung, Kreislaufbeschwerden, Verstopfung, brennenden Augen oder Menstruationsbeschwerden leiden, ist sie für Sie da.
Direkt hinter ihr sitzt »Wo-bleibt-Babcock?« Dieser Mensch reist stets allein. Keiner kennt seinen Vornamen. »Wo-bleibt-Babcock?« ist alles, was wir über ihn zu hören kriegen. Er hat drei Kameras um den Hals hängen, Jackentaschen voller Filme, eine Sporttasche mit Belichtungsmessern und ein tragbares Stativ. Jedesmal, wenn wir an einem Baum vorbeifahren, springt »Wo-bleibt-Babcock?« auf und bittet den Fahrer anzuhalten, damit er fotografieren kann. Und wenn der Bus gar einen planmäßigen Halt für eine »Fotogelegenheit« einlegt, können Sie darauf wetten, daß »Wo-bleibt-Babcock?« die ganze Gruppe aufhält, bevor er wieder zusteigt. In Garmisch verbrauchte er drei Farbfilme für einen Hund mit abgeknicktem Ohr.

Als unser Reiseleiter sagte, wir sollten ihm bitte folgen, um den Hadrianwall zu besichtigen, blieb »Wo-bleibt-Babcock?« zurück, um einen Mann zu fotografieren, der an eine römische Ruine pinkelte. Wir stimmten ab, ob wir ihn einfach zurücklassen sollten. Das Ergebnis war ganz schön knapp.
Ben und seine Frau sind das Ehepaar Kennen-wir-schon. Sie kommen aus New Jersey, haben französische Reisekoffer im Partnerlook und erzählen jedem gleich am ersten Tag, normalerweise würden sie keine Gruppenreisen machen, sondern für sich einen eigenen Wagen mit Chauffeur mieten. Sie reden selten mit den anderen aus der Reisegruppe und wenn, dann um zu erwähnen, daß Europa leider nicht mehr so »elegant« sei wie früher. Sie haben Europa schon bereist, als die Venus von Milo noch Arme hatte. Egal, was Sie sich kaufen, das Ehepaar Kennen-wir-schon hat dasselbe schon vor zehn Jahren für einen Bruchteil von dem gekauft, was Sie dafür bezahlt haben.
Joan und Bud Greiner können einem auch ganz schön auf die Nerven gehen. Die beiden haben sich wirklich gesucht und gefunden: Sie sind vollkommen neurotisch. Jeden Morgen bekommen wir ihre Klagegesänge zu hören. Ihre Lieblingsplatte ist: »Natürlich hat man uns mal wieder die Dienstbotenzimmer gegeben.« Das Essen ist stets ungenießbar, der Service vollkommen unmöglich, und das Reiseunternehmen wird noch von ihnen hören. In Rom fühlten sie sich benachteiligt, weil sie den Eindruck hatten, bei der Kirchenrundfahrt würden katholische Kirchen bevorzugt.
Mr. Dimples Namen kann ich nur im Flüsterton aussprechen. Alle anderen tun das auch. Als sich die Reisegruppe in New York traf, hatte er sich bereits »zur Beruhigung« ein paar hinter die Binde gekippt. – Seltsamerweise

wirkte er auf der ganzen Reise kein bißchen nervös oder verunsichert. Eher im Gegenteil. In jedem Land, das wir besuchten, fiel er aus der Rolle. Wenn er nur still geblieben wäre, hätten wir ihm ja einen Griff durch den Mund ziehen und ihn einfach als ein weiteres Gepäckstück aufgeben können. Doch Mr. Dimple liebt es zu singen, wenn er etwas getrunken hat. In Irland stand er in der St.-Mary's-Kathedrale auf und sang »When Irish Eyes Are Smiling«. Als wir in Amsterdam durch den Rotlichtbezirk geführt wurden, wo die Prostituierten in Schaufenstern auf Stühlen saßen, trällerte er: »Wer soll das bezahlen, wer hat soviel Geld?« In Venedig fiel er bei »O sole mio« fast in einen Kanal.
In Luzern sang er nicht. Aber er drückte seine Zigarette im Käsefondue aus.
Mir gefielen Susanne und ihre Mutter Lil am besten. Wie für uns war es auch für sie die erste Reise nach Europa, und sie waren von allem restlos begeistert. Als Lil ihr erstes »richtiges Schloß« sah, konnte sie vor Aufregung kaum sprechen. Susanne schrieb alles in ihr Tagebuch, sogar Speisekarten.
Hinten im Bus saßen die »armen Jacksons«, ein Ehepaar aus Oklahoma, denen ihr Gepäck quer durch Europa nachgeschickt wurde. Es kam immer eine Idee zu spät an. Sie trugen seit siebzehn Tagen dieselben Sachen.
Ich fühlte mit den Jacksons. Dieser dämliche Overall, den Susi Satteltasch empfohlen hatte, war so steif vom Tragen, daß er allein nach Rom hätte wandern können. Nicht nur das. Ich merkte bald, daß man gelenkig wie ein Schlangenmensch sein mußte, um so was zu tragen.
Auf unserem Flug von New York nach London war ich gerade auf der Toilette, als der Kapitän ankündigte, wir hätten eine Turbulenz und sollten wieder Platz nehmen und uns anschnallen. Bevor ich alles zusammenraffen

konnte, rutschte mir der Overall runter und landete halbwegs in der Toilette. Als ich schließlich zu meinem Platz zurückkehrte, bemerkte mein Mann: »Dafür, daß du dich so lange frisch gemacht hast, siehst du aber nicht sehr gut aus.«
»Laß mich bloß in Ruhe«, keifte ich. »Mir ist gerade mein Gürtel ins Klo gefallen.«
»Was ist das für ein roter Fleck auf deiner Stirn?«
»Ich habe mich am Türknauf gestoßen.«
»Was hast du da unten gemacht?«
»Das würdest du mir nicht glauben, wenn ich es dir erzählte.«
In Overalls sollte ein Schild mit der Aufschrift »WC« eingenäht werden, das durchgekreuzt ist.
Eigentlich waren die Busfahrten zwischen den Stationen unserer Reise noch am erholsamsten. Es gibt ein Märchen, Rundreisen seien das reinste Kinderspiel ... nichts zu tun, als auf den Reiseleiter zu warten, der das Gepäck zählt, einem die Türen aufhält und Eintrittskarten für das nächste Abenteuer austeilt. Nichts davon stimmt! Wir hatten viel zu tun.
Zuerst mal mußten wir uns die Busnummer merken.
Bei einundzwanzig Tagen Busreise kann man bis auf fünfunddreißig verschiedene Busse kommen; jeder ist aus einem anderen Land und hat einen anderen Führer. In Deutschland ist der Busfahrer ein Asiate. In Spanien ein Russe. Wenn Sie in Frankreich mit einem französischen Führer unterwegs sind, dann sind Sie im falschen Bus.
An diesem Tag saßen wir in einem deutschen Bus mit einem italienischen Fahrer – dem ersten Ausländer, den wir seit unserer Abreise aus der Nähe zu Gesicht bekamen. Susanne ließ sich von ihm ein Foto mit Autogramm geben. Wenn er sprach, hatte man das Gefühl, eine Sprachlernkassette zu hören. »Mein Name ist Luigi«, leierte er in sein

Mikrophon, das er dicht vor die Zähne hielt.»Merken Sie sich das, und merken Sie sich Ihre Busnummer: 1084725. Strecken Sie die Füße nicht in den Gang, bitte rauchen Sie nicht, und lassen Sie keine Wertgegenstände im Bus, halten Sie die Fenster geschlossen, halten Sie das passende Kleingeld für die Toiletten bereit, bringen Sie keine Lebensmittel mit in den Bus, und denken Sie daran: Wenn Sie den Bus verpassen, müssen Sie auf eigene Kosten ins Hotel zurück. Wenn es Ihnen gefallen hat, dürfen Sie beim Aussteigen ein Trinkgeld geben.«
Ich hatte Schwierigkeiten, mir unseren jeweiligen Führer zu merken. Man durfte nicht einen Augenblick unaufmerksam sein. Während Herr Duval unser Hauptreiseleiter war, wechselten die Führer von Ort zu Ort, um uns über das zu informieren, was wir gerade besichtigten. Weibliche Reiseführer trugen für gewöhnlich Regenschirme, Plastikblumen am Hut oder leuchtend bunte Schals, damit wir sie schnell wiederfanden. Die Männer dagegen versuchten uns abzuschütteln.
Herr Duval kündigte jeden Abend an, unser Gepäck müsse am nächsten Morgen um fünf Uhr abholbereit in der Empfangshalle stehen. Niemals um neun oder zehn, sondern zu dieser nachtschlafenden Zeit.
Und wäre da nicht Susanne mit ihren ausführlichen Notizen gewesen, hätte sowieso keiner gewußt, wo wir gerade waren. Während der Bus abbremste, lugten die Greiners ängstlich aus dem Fenster.»Wußte ich's doch!« rief Bud.»Wieder eine Fabrik. Wir haben doch nicht soviel Geld bezahlt, um einen Haufen Neppläden zu besichtigen.«
Ich gab es nur ungern zu, aber Bud lag da nicht ganz falsch. Unser Sightseeing war ein wenig aus dem Gleichgewicht geraten. In Irland hatten wir fünfzehn Minuten, um das »Book of Kells« zu sehen – und eine Stunde zum Einkaufen in der Pulloverfabrik. Wir wurden zwanzig Mi-

nuten durch den Tower von London und zwei Stunden durch eine Fabrik für englisches Porzellan geführt. Vor dem Anne-Frank-Haus bremste der Bus kurz ab. Für die Fabrik mit Delfter Fayencen stand ein halber Tag zur Verfügung. Nach der Schmuckfabrik in Österreich, der Muranoglasfabrik in Italien, der Spitzenfabrik in Belgien und der Uhrenfabrik in der Schweiz waren wir ganz schön mürbe.
Und jetzt hielten wir vor der zweiten Fabrik für Holzschnitzereien. Beim Aussteigen begleitete uns Luigis Warnung: »Denken Sie an Ihre Busnummer: 1084725. Lassen Sie sich Zeit.«
Die Fabriken waren alle gleich. Es gab einen Vorraum von der Größe eines Besenschranks, in dem ein Handwerker auf einem Hocker saß und an der jeweiligen Spezialität bastelte. Dieser Handwerker schnitzte gerade eine Elvis-Büste. Ein Führer erklärte schnell den Vorgang. Sekunden später wurden wir durch eine Doppeltür in eine Fabrikhalle von den Ausmaßen eines Fußballfeldes gelotst. Alle paar Meter entlang der Vitrinen mit handgeschnitzten Hunden und Kruzifixen stand eine Verkäuferin mit einem Bestellbuch, die fließend Englisch sprach.
Natürlich besichtigten wir nicht nur Fabriken.
Ich war vorher noch nie in Europa gewesen und dementsprechend überrascht, wie viele Kirchen wir an einem Tag besichtigen konnten. Die erste Kirche war eine wirkliche Offenbarung. Als ich über den Mittelgang schlurfte und ehrfurchtsvoll an die Decke starrte, las ich dem Reiseführer begierig jedes Wort von den Lippen. Als ich mir nichts mehr merken konnte, schrieb ich alles in ein Notizbuch. Ich wollte um jeden Preis wissen, wie lange es gedauert hatte, die Kirche zu bauen und wie viele Ziegelsteine dazu benötigt wurden, in welchem Jahr der Blitz eingeschlagen hatte, wann der Ostflügel hinzugefügt worden

war, wie lange man gebraucht hatte, um die Orgel einzubauen, wie viele Bäume für die Kirchenbänke gefällt werden mußten und wie viele Holzfäller dabei umkamen, wie viele Eimer Blattgold allein für die Decke verbraucht wurden und wie viele Kilometer Gerüst man errichtet hatte, um sie zu restaurieren. Ich zeichnete pflichtbewußt auf, welche gekrönten Häupter hier begraben lagen und in welcher Stadt die Glocken gegossen worden waren. Ich glaube, einmal stieß ich sogar »Wo-bleibt-Babcock?« fast in ein Taufbecken, um näher an den Führer zu kommen.
Nach vierzig oder fünfzig Kirchen bekam ich einen glasigen Blick und war nicht mehr recht bei der Sache. Als irgendwo in einem Dom gedruckte Informationen ausgeteilt wurden, wickelte ich darin mein Kaugummi ein. Als später der Reiseführer fragte: »Gibt es noch Fragen?«, fragte ich, wie viele Kathedralen man an einem Tag besichtigen könne, bevor man ins Koma fiele.
Gegen Ende der Reise sah dann St. Paul's für mich so aus wie die Lateranbasilika, und Santa Maria Maggiore kam mir vor wie die Markuskirche.
Schließlich erreichte ich den Punkt, wo schon Robert Redford die Messe hätte lesen müssen, um mich noch aus dem Bus zu kriegen.
Während das durchorganisierte Schreckensregiment gnadenlos weiterging, hatte ich ganz andere Sorgen. Meine zwölfteilige Reisegarderobe fing an, mich im Stich zu lassen. Die Brusttasche an der Jacke riß ein, und ich konnte sie nur noch mit verschränkten Armen tragen. Meine einzige Bluse hatte ein paar Flecken, die nicht mehr rausgingen. Das T-Shirt war eingelaufen. Ich kaufte mir eine zusätzliche Schirmmütze und bastelte mir einen ausgefallenen BH, um ihn am Swimmingpool zu tragen.
Seit London paßten mir meine Hosen nicht mehr ... oder war es seit Rom?

Wir alle wurden gereizt. Sobald mein Mann ein Hotelzimmer erreichte, fing er an auszupacken, als hätten wir gerade das Gebäude gekauft. Jeder Koffer wurde in Schubladen und Schränke geleert ... wenn auch nur für eine Nacht. Dann begann er hingebungsvoll seine Wäsche zu waschen. Da konnte die Sonne hinter dem Matterhorn untergehen. Da konnte ein Fest in den Straßen von Florenz sein. Da konnte der Gewinner der Tour de France direkt unter unserem Hotelzimmer über die Ziellinie fahren. Er erledigte seine Wäsche.
Und ich war es inzwischen leid, sein blödes Stativ mitzuschleppen. Ein wildfremder Mensch stürzte eines Tages im Kaufhaus Harrods auf mich zu, zeigte erfreut auf die ständige Ausbeulung in meinem Overall und meinte: »Sie reisen ja auch mit einem Stativ.«
Doch das schlimmste an dieser Gruppenreise war, daß wir einundzwanzig Tage lang, sechzehn Stunden am Tag, mit anderen Amerikanern zusammensein mußten. Gott behüte, daß wir mal einen Österreicher, Deutschen, Franzosen, Schweizer, Italiener, Iren, Belgier, Engländer oder Niederländer kennengelernt hätten. Wir warteten in Hotelhallen mit Gruppen anderer Amerikaner, die auch auf ihren Reisebus warteten. Wir besichtigten Sehenswürdigkeiten, wo aus allen anderen Bussen nur Amerikaner ausstiegen. Wir aßen an langen Tischen miteinander in Lokalen, die ganz auf amerikanische Touristen eingestellt waren und uns wie Pockenkranke in geschlossene Sälen, absonderten.
Reiseführer erzählten uns amerikanische Witze auf Englisch. Wir wurden an Souvenirständen abgesetzt, die T-Shirts mit den Namen amerikanischer Footballmannschaften verkauften. Wenn wir in den Zirkus oder ins Theater gingen, wurden wir neben andere amerikanische Touristen gesetzt.

Der einzige Fremde, an den wir in drei Wochen näher rankamen, war Lils Irish Setter.
Der Bus rollte weiter, und am einundzwanzigsten Tag der Reise fand sich unsere Gruppe im Restaurant des weltberühmten Eiffelturms beim obligatorischen Gala-Abschiedsessen wieder.
Ich schaute mir diese Menschen an, die ich öfter gesehen hatte als meine Mutter und die mir nähergekommen waren als mein Frauenarzt. Wir hatten einige außergewöhnliche Erlebnisse miteinander geteilt.
Wir hatten in einem schottischen Schloß bei einem mittelalterlichen Bankett zusammen diniert. (Das Ehepaar Kennen-wir-schon bemängelte allerdings, der Räucherlachs sei zu kalt gewesen, und der Fasan habe mehr nach Wild geschmeckt, als sie es in Erinnerung hatten.)
Wir hatten auf dem Petersplatz den Papst in seinem Fenster winken gesehen. (Die Greiners sagten, sie glaubten nicht, daß er es wirklich selbst war. Sie wollen jemand gesehen haben, der an seinem Rücken einen Startknopf drückte.)
Susanne und ihre Mutter hatten bei unserem Schweizer Trachtenfest in Luzern auf der Bühne gejodelt. Wir waren im London Palladium gewesen und in der Sixtinischen Kapelle.
Als wir jetzt den französischen Wein tranken, begann mein Mann ein Brötchen zu buttern. Plötzlich sprang er auf und hielt das Brötchen dramatisch über den Kopf gestreckt wie Kunta Kinte in »Roots«, der der Welt seinen neugeborenen Sohn darbietet. »Wußte ich's doch!« rief er. »Das ist ein Brötchen aus Dublin. Hier sind meine Initialen und das Datum!«
Die Greiners erklärten, das überrasche sie nicht.
Das Ehepaar Kennen-wir-schon blickte gelangweilt auf und sagte, er solle sich wieder hinsetzen.

»Wo-bleibt-Babcock?« blendete ihn mit seinem Blitz, als er den Augenblick auf Film bannte.

Susanne und ihre Mutter erklärten es für ein Wunder.

Mr. Dimple hatte einen Trinkspruch und eine Kurzversion von »Pigalle, Pigalle, das ist die große Mausefalle mitten in Paris« parat.

Unsere Gesundheitsfee warnte: »Essen Sie das nicht. Das gibt Blähungen.«

Nach meiner Rückkehr habe ich meine Reisegarderobe in die Altkleidersammlung gegeben. Das war für mich ein symbolischer Akt – wie damals bei den Umstandskleidern. Wenn ich sie weggebe, muß ich nie wieder da durch.

Unsere Gruppenreise hatte uns ein paar nette Kostproben von Europa vermittelt, aber wir fühlten uns von festgelegten Plänen und Routen eingeschränkt und obendrein beaufsichtigt wie eine bedrohte Spezies in der Paarungszeit.

Nach der Rundreiseerfahrung träumten wir von einem Mietwagen, mit dem wir uns ganz allein auf den Weg machen würden. Wir sahen uns in einem kleinen roten Sportwagen eng umschlungen wie ein Liebespaar in der Badewanne. Wir stellten uns vor, wie uns der Wind durch das Haar fahren würde, während wir dahinbrausten und malerische kleine Gasthäuser auf abgelegenen Landstraßen entdeckten. Wir würden auf einer idyllischen Berghütte Rast machen, Wein bestellen und auf die berauschende Aussicht anstoßen.

»Wir könnten unser eigenes Tempo bestimmen«, sagte ich zu meinem Mann. »Kein Streß ... keine Reisebusse ... keine Reiseleiter.«

»Du hast vollkommen recht«, sagte er.

»Kein Gepäck rausstellen um fünf Uhr früh, kein Mittagessen mit zwanzig Personen am Tisch, keine schwerwie-

genden Entscheidungen mehr wie: Verwende ich meine Viertelstunde jetzt darauf, den Louvre zu besichtigen oder nach einer Toilette zu suchen?«
Im Grunde war doch alles so einfach. Wenn wir Auto fahren konnten, dann konnten wir im Ausland auch einen Mietwagen fahren, stimmt's?
Klar doch.

Der Mietwagen

Eines schönes Nachmittags – wir hielten gerade an einer Ampel vor dem Einkaufszentrum – bemerkte eines meiner Kinder, daß bei dem Wagen vor uns die Scheibenwischer an waren, obwohl die Sonne schien. Außerdem versuchte der Fahrer offensichtlich, aus der mittleren Spur nach links abzubiegen.
»Der ist ja wohl bescheuert«, sagte mein Sohn und kicherte.
Ich drehte mich um und packte ihn am Kragen: »Hör mal zu, mein Herr! Ich will diesen Ton nie wieder von dir hören, verstanden? Schau mal auf das Nummernschild. Dieser arme unglückliche Mensch, den du für ›bescheuert‹ hältst, fährt einen Mietwagen. Weißt du, was das heißt? Das heißt, daß er mit einem Auge auf eine unübersichtliche Straßenkarte schielen muß und mit dem anderen Auge auf den Verkehr. Er kann von Glück sagen, daß er am Flughafen die Ausfahrt gefunden hat. Er hockt in einem Auto, dessen Tücken er nicht kennt, und sucht nach Hinweisschildern, die irgendwo hinter Bäumen versteckt sind. In diesen Kleinwagen sind fünfzehn Gepäckstücke gerammt worden, weil der Kombi, den er bestellt hatte, nicht vorrätig war. Der arme Teufel wird nie herausfinden, wie er bei Dunkelheit die Scheinwerfer ankriegt, und wird sich in der Dämmerung hoffnungslos verfahren. Er wird die Nacht in diesem Auto verbringen. Mach dich nie wieder über einen Menschen lustig, der einen Mietwagen fährt, hörst du? Nie wieder!«
Mein Sohn sah mich an und sagte leise: »Du denkst wieder an Italien, nicht wahr, Mami?«

Italien

Der Italiener am Schalter der Autovermietung im Flughafen von Neapel malte gelangweilt einen Kreis um ein großes X und sagte: »Wir sind hier.« Dann zog er auf der Karte mit seinem gelben Leuchtstift eine Straße nach: »Fahren Sie einfach die erste Kreuzung rechts ...«
»Wo sind wir?« fragte mein Mann und beugte sich über die Karte, um besser sehen zu können.
»Hier«, wiederholte der Neapolitaner und tippte mit dem Stift an den weißen Kartenrand.
»Aber da ist die Karte ja schon zu Ende«, schaltete ich mich ein. »Wie kommen wir denn *auf* die Karte?«
»Ganz einfach, Signora«, seufzte er. »Nehmen Sie die Via Don Richtung Foria und dann über die Piazza Cavour zur Via Roma. Die Via Giotto Menzinger geht dann von der Piazza Medaglie d'Oro ab. Ist alles ausgeschildert. Sie können es nicht verfehlen.«
Es hatte alles so romantisch geklungen. Wir würden nach Italien rüberzischen, einen Wagen mieten und nach Amalfi fahren, dabei Positano und Ravello mitnehmen und vielleicht auf einen Sprung nach Capri übersetzen. Für so was brauchten wir doch wohl keinen Reiseleiter!
Abgesehen davon würde es mit dem Auto in Italien auch nicht so schwer werden wie in Irland. Das war vielleicht ein Alptraum. Von dem Moment an, als mein Mann sich auf dem Flughafen in den Mietwagen gesetzt und gemerkt hatte, daß etwas nicht stimmte. »Wo ist das Lenkrad?« fragte er.
»Das habe ich«, erklärte ich. »Bei mir auf der Seite.«
Er schob sich vorsichtig über den Schaltknüppel auf den Sitz, auf dem ich gesessen hatte. Dann ließ er den Motor

an und bog ganz vorsichtig auf die Landstraße ein, wo er beinahe frontal mit einem anderen Wagen zusammengestoßen wäre. Nach zwei weiteren halsbrecherischen Ausweichmanövern war uns klar, daß hier alle auf der falschen Seite der Straße fuhren. Wir sind in mancherlei Beziehung im Leben schon gut oder schlecht gefahren – aber bevor man nicht auf der falschen Straßenseite gefahren ist, kann man überhaupt nicht mitreden.

Für meinen Mann war das Autofahren ein Alptraum. Jedesmal, wenn uns ein Wagen entgegenkam, machte er eine Vollbremsung und kniff die Augen zu, bis der andere vorbei war. Als er die Scheinwerfer anmachen wollte, öffnete er versehentlich die Motorhaube. Er griff zum Schalten nach rechts, öffnete seine eigene Tür und wäre fast aus dem Wagen gefallen. Beim Einfädeln suchte er den entgegenkommenden Verkehr in der falschen Richtung.

Während der ganzen zwei Wochen in Irland wagten wir es nicht, einen anderen Wagen zu überholen, legten nie den Rückwärtsgang ein, parkten nie in der zweiten Reihe oder bogen nach links ab ... soll heißen nach rechts.

Als Beifahrerin hatte ich auch nicht gerade einen leichten Stand. Jedesmal, wenn wir einen Fußgänger überholten, hielt ich die Luft an und stieß ein wimmerndes Geräusch aus. Als mein Mann mich bat, das zu unterlassen, sagte ich ihm, wie oft ich von niedrigen Ästen fast zu Tode gepeitscht, von Wasserlachen und Pfützen durchnäßt oder von Schafen erschreckt worden sei und daß ich die Todesangst in den Gesichtern der Fußgänger mein Leben lang nicht vergessen würde.

Monate nachdem wir aus Irland zurück waren, hatte ich noch Alpträume über die »roundabouts«, eine irische Version des Kreisverkehrs im Harakiri-Stil. Kein Wunder daß die Iren für ihre Frömmigkeit so bekannt sind. Auf einem »roundabout« dürften sich Menschen schneller zu

Jesus Christus bekehren lassen als Todeskandidaten in ihrer Zelle.

Es handelt sich bei diesem Verteilerkreis um eine Todesspirale mit vier Spuren in einer Richtung. Es gibt sechs oder sieben Zu- und Ausfahrten. Sobald Sie im Kreisverkehr sind, gibt es kein Entkommen mehr. Von allen Seiten flitzen Autos an Ihnen vorbei, die alle Vorfahrt zu haben scheinen. Bis Sie herausgefunden haben, wie Sie aus dieser Todesspirale wieder rauskommen, vergeht locker ein halber Tag.

Bevor wir die italienische Autovermietung verließen, fragte ich: »Italiener fahren doch rechts, oder?« Zum ersten Mal lächelte der Vertreter und sagte: »Aber sicher. Sie werden in Neapel gar keine Schwierigkeiten haben. Passen Sie nur auf, daß Sie alle Ihre Sachen außer Sichtweite in den Kofferraum tun, vor allem die Handtasche – Sie wissen schon, warum.«

Wir hörten allerdings nicht zum erstenmal von der Kriminalität in den großen Städten Europas. »Straßenräuber« auf Motorrollern rissen einem angeblich die Handtasche von den Schultern. »Zigeunerkinder« umringten einen, und hinterher fehlten Brieftasche und Wertsachen. Angeblich konnte es einem sogar beim Warten an der Ampel passieren, daß die Autofenster eingeschlagen und das Gepäck herausgezerrt wurde.

Wir schworen uns, vorsichtig zu sein.

Statt des sportlichen Zweisitzers, den wir bestellt hatten, bekamen wir einen Kombi zugewiesen, der nicht gerade benutzerfreundlich war. Der Motor brummte nicht, er stieß furchterregende Klagelaute auf Italienisch aus. Sobald die Tür zugeschlagen wurde, ging das Radio an. Den Rückwärtsgang hätten wir auch in zehn Jahren nicht gefunden. Steckte der Schlüssel erst im Zündschloß, gab es keinen Weg, ihn wieder herauszukriegen.

In unserem »schnittigen« Gefährt umkreisten wir behäbig wie ein Dinosaurier auf Rädern den Flughafen, bis wir nach einer halben Stunde zufällig auf die Via Don stießen.
Um eine Vorstellung davon zu geben, wie lange wir brauchten, um unser Hotel zu finden, benötigen wir einen Vergleichswert.
Susan Butcher, die mit einem Hundeschlitten quer durch Alaska gefahren ist, hat für die nahezu zweitausend Kilometer von Anchorage nach Nome elf Tage, eine Stunde, dreiundfünfzig Minuten und dreiundzwanzig Sekunden gebraucht.
Wir brauchten in einem Fiat fünf Stunden und dreiunddreißig Minuten für die dreißig Kilometer zu unserem Hotel.
In Neapel ist der Verkehr kein Zustand, sondern ein Kriegszustand. Wenn Sie zufällig den Film »Also sprach Bellavista« gesehen haben, werden Sie sich vielleicht noch daran erinnern, was ein »Hakenkreuzstau« ist. Doch auch, wenn man es geschafft hat, auf eine der acht bis zehn parallelen Spuren zu kommen, befindet man sich in einem brodelnden Hexenkessel. Rote Ampeln leuchten auf, aber keiner hält. Grüne Ampeln leuchten auf, und keinen kümmert's. Wagen quetschen sich vor Sie und biegen nie wieder ab. Es kommen nur immer neue dazu. Die Straßenschilder sind alle auf Italienisch (was sonst?) und überfordern zumindest meinen italienischen Wortschatz, der hauptsächlich aus »antipasto« und »Quasimodo« besteht.
»Wie überleben hier eigentlich die Fußgänger?« fragte ich meinen Mann.
»Sie sind schon auf dem Bürgersteig zur Welt gekommen«, knurrte er.
Als es allmählich dunkel wurde und wir immer noch

durch Neapel fuhren, setzte die Panik ein. Wir würden bald die Scheinwerfer einschalten müssen, und was dann? Wir wagten es nicht, die vielen unbekannten Schalter im Auto auch nur anzurühren. Was, wenn uns das Benzin ausging? Wie lange würde es bei diesem Verkehr dauern, bevor jemand merkte, daß wir nicht mehr aus eigener Kraft vom Fleck kamen, sondern nur noch im Stau vorwärts geschoben wurden? Ein Jahr? Zwei?
Als wir von der falschen Seite durch eine Einbahnstraße fuhren, kam uns ein Bus entgegen. Mein Mann wich in eine düstere Seitenstraße aus, um einen Frontalzusammenstoß zu vermeiden. Wir saßen einen Augenblick da und starrten entmutigt in die Dunkelheit, als mein Mann etwa ein Dutzend glühender Zigarettenspitzen hinter unserem Auto bemerkte. Sie gehörten zu einer Gruppe Halbstarker, die an Motorrädern lehnten. Ich erstarrte. Das waren mit Sicherheit die Straßenräuber, vor denen uns alle gewarnt hatten.
Entnervt riß mein Mann die Tür auf und sagte: »Ich werde denen jetzt sagen, daß wir Touristen sind und uns verfahren haben.«
Ich packte seinen Arm. »Tu das«, meinte ich mit Grabesstimme, »aber du sollst wissen, daß du in deinem Leben nie etwas Dümmeres getan hast.«
»Und wenn schon«, entgegnete er ungerührt. »Wir müssen unser Hotel finden.«
Ein paar Minuten später setzte sich einer der jungen Männer mit meinem Mann nach vorn in den Wagen, und ich mußte hinten Platz nehmen. Ein weiterer junger Mann stieg auf seine Maschine und bedeutete uns, ihm zu folgen. Gemeinsam brachten sie uns direkt vor die Tür unseres Hotels. Als wir ihnen Geld geben wollten, lehnten sie dankend ab und wünschten uns einen schönen Aufenthalt in Neapel... und wir sollten achtgeben auf un-

sere Kamera und die Handtaschen. In dieser Gegend gäbe es Straßenräuber.
Ich habe das aus zwei Gründen erzählt. Zum einen, weil man so was selten zu hören bekommt. Wer erwähnt schon die Begegnungen mit netten Menschen, die sich freuen, wenn man ihr Land besucht, und es einem auch zeigen. Zum anderen war es das einzige Mal, daß mein Mann zugab, sich verfahren zu haben.
Als wir an diesem Abend ins Bett krochen, wußten wir, was wir zu tun hatten. Wir würden unseren Mietwagen in der Hotelgarage lassen und uns einen Fahrer nehmen, der uns Pompeji und den Vesuv zeigen würde.
Am nächsten Morgen wandten wir uns an Frank. Frank arbeitete in unserem Hotel an der Rezeption und hatte die Angewohnheit, einen beim Sprechen nicht anzusehen, sondern seine Blicke ständig durch die Halle schweifen zu lassen. Wir fragten ihn, ob er einen Fahrer kenne, der sich nicht nur gut auskannte, sondern auch Englisch sprach.
Frank zuckte lässig die Achseln. »Kein Problem. Für Sie ich besorge Fahrer, spricht besser Englisch wie Sie.« Frank telefonierte. Wir gaben ihm ein Trinkgeld.
Wäre Henry Kissinger Italiener gewesen und mit Novocain gedopt, hätte er sich angehört wie der Fahrer, den Frank für uns besorgte. Er hieß Rocco. Wir fragten Rocco, ob Frank ihn oft anriefe, wenn englischsprachige Urlauber einen Fahrer und Führer suchten. »Klar«, meinte Rocco, »er ist doch mein Bruder.«
Als wir Rocco sein Trinkgeld gaben, war es so, als sei es wieder für Frank.
Jemand hatte uns erzählt, in Neapel gebe es die beste Pizza der Welt. Aber *wo* in Neapel? Sie werden es kaum erraten, wen ich da fragte – natürlich Frank. Frank sagte: »Keine Problem.« Er würde noch für diesen Abend einen

Tisch für uns reservieren. Er telefonierte. Wir gaben ihm ein Trinkgeld.
Später am Abend, als wir in das Restaurant gingen, kam uns ein bekanntes Gesicht mit den Speisekarten entgegen. Es war Frank. Das Restaurant gehörte ihm, und er arbeitete dort, wenn er im Hotel frei hatte. Wir zahlten ein Trinkgeld für ihn *und* für den Service.
In den nächsten Tagen fanden wir heraus, daß Frank Verwandte hatte, die die »beste Schmuckwerkstatt in Neapel« betrieben, und einen Schwager mit der »besten Reinigung« in ganz Italien. Mir dämmerte, daß Frank in wenigen Jahren genug Trinkgeld haben würde, um eine Anzahlung auf ganz Italien zu leisten.
Vetternwirtschaft auf höchstem Niveau zu sehen, war sehr reizvoll, aber wir mußten weiter nach Amalfi. Als wir unser Mietauto so unschuldig am Straßenrand stehen sahen, beschlich uns wieder ein ungutes Gefühl.
»Steht er in Richtung Autostrada?« fragte mein Mann. Die Autostrada ist die italienische Autobahn.
»Kein Problem«, entgegnete Frank. »Fahre Sie geradeaus und biege Sie linkse ab, und dann biege Sie rechtse ab, und Sie sind da. Ausfahrt Amalfi müsse Sie raus.«
Wir gaben ihm ein Trinkgeld.
Wir konnten es nicht fassen, daß endlich einmal etwas klappte. Die Autostrada war genau da, wo Frank gesagt hatte, daß sie sein würde. Wir hielten an der Mautstelle, ließen einen Haufen Lire da und fingen an, Ausschau nach der Ausfahrt Amalfi zu halten. Als wir nach einiger Zeit die nächste Mautstelle erreichten, wurde uns klar, daß wir die Ausfahrt Amalfi wohl verpaßt hatten, also ließen wir wieder einen Haufen Lire da, wendeten und fuhren zurück.
Als wir wieder unsere ursprüngliche Mautstelle erreichten, konnten wir es kaum glauben: Wir waren wieder an

unserer Ausfahrt vorbeigefahren. Mein Mann meinte, daß es in dieser Richtung vielleicht keine Ausfahrt gab, und wir zahlten wieder Autobahngebühren und fuhren wieder in die andere Richtung.
Doch auch diesmal hatten wir kein Glück. Als wir am anderen Ende zum viertenmal Maut zahlen mußten, sagte ich: »Das ist ja lächerlich. Ich frag' jetzt jemanden.«
»Sei nicht albern«, entgegnete mein Mann. »Das wird schon hier sein. Wir sehen es bloß nicht. Paß diesmal besser auf.«
Ich kurbelte das Fenster herunter und schrie: »Wo ist die Ausfahrt Amalfi?«
Der Mann an der Kasse schrie zurück: »Die Ausfahrt heißt Maiori!«
Als wir schließlich in Amalfi an einer Ampel hielten, marschierte eine große Gruppe amerikanischer Touristen vor uns zu ihrem Reisebus. Einer von ihnen rief meinem Mann zu: »Ihre Scheibenwischer sind an!«
»Weiß ich!« rief mein Mann zurück. »Ich wollte nach links abbiegen.« Der Mann starrte uns eine Minute lang entgeistert an, bevor er weiterging.
»Ich dachte, du öffnest die Motorhaube, wenn du links abbiegen willst«, sagte ich.
»Die Motorhaube mache ich auf, wenn ich nach rechts abbiegen will«, erklärte er geduldig.
Ich sah über die Schulter dem wundervollen Bus nach und seufzte.

Trinkgeld

Amerikaner zahlen Trinkgeld mit der gleichen Selbstverständlichkeit, mit der sie nach einer Fliege schlagen, die um den Kartoffelsalat brummt. Fremde erzählen uns immer wieder, daß ihre Kinder hilfsbereit wie die Pfadfinder waren, bevor sie durch amerikanische Dollars zu geldgierigen Gören wurden. Ich fürchte, sie haben recht.
Ich erinnere mich an eine Silvesternacht, als wir einen Babysitter bestellten, der auf unsere Kinder aufpassen sollte. Das Mädchen lud ein paar Freundinnen zu einer Fete ein, zerschlug in unserem Kamin eine Flasche Gin, brannte ein Loch in den Wohnzimmerteppich, schloß die Kinder in ihren Zimmern ein und erbrach sich auf unserem Sofa, das für einiges Geld neu bezogen werden mußte.
Mein Mann gab ihr fünf Dollar Trinkgeld, weil Silvester war und sie bis nach Mitternacht bleiben mußte.
Wir können diese Angewohnheit einfach nicht abschütteln. Wir haben Kellnern Trinkgeld gegeben, die eine Katze von dem Tisch nahmen, an dem wir aßen. Wir haben Taxifahrern Trinkgeld gegeben, die unsere Kinder fast zu Waisen gemacht hätten. Wir haben Kofferträger belohnt, die mit unserem Gepäck noch am Bordsteinrand standen, als unsere Maschine bereits abhob.
Amerikaner zahlen für die merkwürdigsten Dienstleistungen. Während der Jahre meiner Reisen habe ich möglicherweise siebenhundert Dollar bezahlt (und das ist eine vorsichtige Schätzung), um meine Reisetasche wiederzukriegen, die ursprünglich sechzig Dollar gekostet hat. Wenn ich sie mal selbst tragen wollte, wurde sie mir buchstäblich aus den Händen gerissen. Schade, daß man

die Unkosten, die durch Reisetaschen entstehen, nicht von der Steuer absetzen kann.
Auf einer einzigen Reise mußte ich für die Tasche bezahlen, um sie vom Taxifahrer zurückzukriegen, von einem Flughafengepäckträger vom Gepäckband holen zu lassen, sie wieder im Taxikofferraum zu verstauen, um sie einem livrierten Hoteldiener zu überlassen, der sie einem zweiten livrierten Hoteldiener übergab, der sie endlich in meinem Zimmer abstellte. An diesem Punkt hatte ich mehr an Trinkgeld ausgegeben, als der Inhalt der Tasche wert war. Kein Wunder, daß Präsident Carter immer sein Gepäck selbst trug.
Mancherorts hat sich eine richtige Trinkgeldindustrie entwickelt. Nehmen Sie Haiti. Dort gibt es einen Berg mit einer Festung, die sich Christopher's Chapel nennt. Falls Sie da mit einem Muli hinaufreiten, werden Sie nie einsam sein. Unten stehen zwanzig oder dreißig Mulis für Touristen. Dann warten etwa dreihundert herumlungernde Kinder darauf, Ihnen behilflich zu sein. Ein Kind hilft Ihnen, das Muli zu besteigen, ein weiteres Kind hält links die Zügel, ein Kind hält rechts die Zügel, ein Kind hält Ihr Hinterteil fest, damit Sie nicht vom Maulesel rutschen, und ein Kind zieht dem Muli mit der Gerte eins über, wenn das Tier halb ohnmächtig eine Verschnaufpause einlegt. Den ganzen Weg über hängen diese hilfsbereiten Kleinen an Ihnen wie die Kletten und werden Sie nicht verlassen, bevor Sie sie nicht belohnt haben. Falls Sie Kameratasche, Handtasche oder Regenmantel haben, können Sie für die Lohnliste gleich einen Buchhalter einstellen.
Was mich betrifft, halte ich mich beim Trinkgeld an die Landessitte. Meine Kinder bekommen schon fürs Atmen eine Taschengeldsonderzulage. Amerikaner sind eben so.
In Las Vegas wird es mit dem Trinkgeld am tollsten getrieben. Ich kenne keine Leute, die so wenig tun und so

viel dafür kriegen. Wir gingen einen Abend in ein Casino-Theater, um Frank Sinatra zu sehen, und kauften unsere Karten. Damit kamen wir durch die Tür. Weiter nicht. Ein Mann im schwarzen Smoking blickte durch den leeren Saal und erklärte: »Vorn ist nichts mehr frei.« Mein Mann gab ihm fünf Dollar, und sein Sehvermögen besserte sich. Er konnte einen freien Tisch in weniger als zwei Metern Entfernung erkennen.
Die Bühne konnte ich immer noch nicht sehen. Ich fand einen zweiten Platzanweiser und erzählte ihm, ich hätte Blut gespendet, um herzukommen. Er verzog keine Miene. Mein Mann gab ihm ein Trinkgeld, und wir drangen zwei Meter weiter vor, wo wir auf einen dritten Platzanweiser stießen.
So ging es eine Viertelstunde weiter. Dreißig Dollar später saßen wir an einem langen Tisch, wie sie sonst in Festzelten stehen. Um die Bühne sehen zu können, mußten wir eine Stunde lang unsere Köpfe verdrehen. »Frankie« saß auf einem schäbigen Barhocker. Sicher hatte er zuwenig Trinkgeld gezahlt.
Anerkennung für guten Service ist vernünftig, aber in vielen Ländern gibt es eine unverzeihliche Unsitte. Man soll für das Privileg, eine Toilette zu benutzen, bezahlen, bevor man überhaupt einen Fuß hineingesetzt hat.
Ich bin für eine weltweite Gesetzesinitiative »Freie Klos für alle«, die in die Genfer Konvention, die KSZE-Schlußakte und alle internationalen Vereinbarungen aufgenommen werden sollte, damit jeder, der muß, das Recht auf ungehinderten Zugang zu den Toiletten erhält.
»Es muß doch ein stilles Örtchen geben, für das ich mir keine Schaffnerkasse um den Bauch zu binden brauche«, jammerte ich meinem Mann vor. »Ein Land des Lächelns, wo Menschen mich verwöhnen, weil sie wollen, daß ich glücklich bin.«

Ostseekreuzfahrt

Es war einer dieser Abende, an denen von vornherein klar war, daß nicht mehr viel passieren würde. Um halb neun hatten wir bereits unsere Bademäntel an, lagen ausgestreckt in unseren Lieblingssesseln und wollten uns einen Naturfilm über das monogame Paarungsverhalten der Seekuh ansehen.
Doch es kam anders. Beim Umschalten erwischten wir einen Werbespot, in dem eine junge Frau auf einem Kreuzer herumsprang und sang: »Iß, was du willst, und tu, wovon du träumst!« Die Menschen um sie herum waren so glücklich, daß man es kaum aushielt.
»Schau dir das an!« meinte mein Mann. »Das ganze Wasser, und keiner angelt.«
Kennen Sie das, wenn Ihnen ein Lied nicht aus dem Kopf geht? Die nächsten drei Tage lief ich herum und sang: »Iß, was du willst, und tu, wovon du träumst.« Ich hatte mich oft gefragt, was für wundervolle Menschen wir wohl ohne das tägliche Einerlei aus Sockensortieren und Kühlschrankauffüllen sein würden. Natürlich machten wir Urlaub, aber das war immer eine anstrengende Mischung aus Pfadfinderlager und Notoperationen. War es da nicht selbstverständlich, daß der Gedanke verlockend war, für ein paar Wochen im Luxus zu schwelgen? Im langen Abendkleid in den Speisesaal zu treten oder an der Reling eine Unterhaltung mit einem geheimnisvollen Fremden zu führen?
Ich kannte genug Folgen der Fernsehserie »Das Traumschiff«, um zu wissen, daß niemand ein Kreuzfahrtschiff so verließ, wie er es betreten hatte. Ich stellte mir das Ganze als eine Art gigantische Party vor, wo sich jeder

jeden Abend so aufdonnerte wie für den Abschlußball, mit Konfetti um sich warf und Sekt aus Gläsern trank, die nicht nach Handcreme schmeckten.
»Was hältst du von einem Abenteuer im Wasser?« schnurrte ich eines Abends meinem Mann ins Ohr.
»Sind dir etwa wieder die Kontaktlinsen ins Klo gefallen?«
»Ich spreche von einer Kreuzfahrt. Ich finde, wir sollten eine Kreuzfahrt machen.«
»Wieso?«
»Weil wir vom Alltag schon ganz abgestumpft sind. Wir brauchen mehr Romantik in unserem Leben.«
»Und die kriegen wir also durch eine Kreuzfahrt«, bemerkte er trocken.
»Evelyn hat mir erzählt, daß man einhundertfünfundzwanzig Kalorien verbraucht, wenn man zusammen schläft. Und Don und sie sahen absolut magersüchtig aus, als sie aus der Karibik zurückkamen.«
»Dir kann man auch alles erzählen«, sagte er. »Wahrscheinlich glaubst du auch, daß die Traumschiff-Leute vorsorglich genug Gepäck für siebzig Folgen an Bord hatten, als sie Hawaii verließen.«
»Mit Koffern aus Kork könnte das hinhauen«, entgegnete ich stur.
Ich mußte einige Monate profimäßig nörgeln, bis ich ihn schließlich überzeugen konnte, daß nur eine Kreuzfahrt ein wirklicher Erholungsurlaub für uns sein würde. Ein Urlaub ohne dauerndes Aus- und wieder Einpacken, rein in den Bus, raus aus dem Bus, keine Straßenkarten und Mietwagen, keine verspäteten Linienflüge oder nervtötende Trinkgelder. Wir würden nur einmal bezahlen und uns von da an einfach entspannen und gegenseitig neu entdecken können.
Wir buchten auf einem norwegischen Schiff ab Kopen-

hagen. Zuerst sollten wir zwei Wochen durch norwegische Fjorde kreuzen. Anschließend würden wir Schweden, Finnland, Deutschland und Rußland anlaufen. Gesamtdauer: einen Monat.

Von dem Augenblick an, als wir in Kopenhagen über den Landungssteg an Bord gingen, erfaßte mich ein Gefühl, das ich vorher nie gekannt hatte – ich war total verunsichert. Auf diesem eleganten Luxusliner wurde mir erschreckend klar, daß mein Mann und ich die beiden letzten Menschen auf der Welt waren, die zum erstenmal in ihrem Leben auf einem Kreuzfahrtschiff waren. Alle sahen reicher, schlanker und smarter aus als wir.

Die Pässe dieser Herrschaften mußten vom vielen Gebrauch Eselsohren haben. Bestimmt hatten sie sich vorher komplett neu eingekleidet – mit ihrem altehrwürdigen Geld. Ich wette, wir waren das einzige Paar an Bord, das die Reise mit einem Sparkassenscheck bezahlt und in seinen geliehenen Koffern geliehene Abendgarderobe dabeihatte.

Jeder, mit dem ich ins Gespräch kam, hatte sich schon einen Platz für das festliche Abendessen um einundzwanzig Uhr reservieren lassen. Mir wurde klar, daß wir die ungehobelten Bauern waren, die als einzige schon um sieben Uhr essen wollten. Dafür hatten wir dann den riesigen Speisesaal für uns allein.

Mit der Romantik würde es schwer werden. Vor allem mit einem Ehemann, der sich abends so gern festlich anzog, wie er sich einer Wurzelbehandlung unterzogen hätte. Ganz zu schweigen von dem Umstand, hinterher das einzige Smokinghemd im Waschbecken durchwaschen und in die Dusche zum Trocknen hängen zu müssen. Dann gab es das Problem mit dem Seegang. Nachdem ich, noch bevor wir abgelegt hatten, mich vor dem Speisesaal in einen mit Sand gefüllten Standaschenbecher hatte übergeben müssen, schwante mir, daß wir uns nie etwas Romantischeres ins Ohr flüstern würden als: »Bring mir ein kaltes Handtuch«.

Das Schiff fuhr unter dem Kommando von Kapitän Gunther, dessen Englisch begrenzt war. Alles, was er jemals zu mir sagte, war: »Ich bin Norweger. Es besteht keine unmittelbare Gefahr.« Immer wenn er das sagte, lächelte er.

Ich muß zugeben, die ersten paar Tage an Bord waren etwas Besonderes. Die Fjorde waren atemberaubend und die Norweger eine Freude. Allmählich gewann ich mein angeschlagenes Selbstbewußtsein wieder zurück. Außerdem bekamen wir an unseren Kleidern noch die Reißverschlüsse zu. Das Leben hatte es nie besser mit uns gemeint.

Als wir jedoch in Tromsø anlegten, besorgte ich mir Schwangerenunterwäsche. Meine Kleider waren ziemlich eng geworden, und die Kabine schien uns auf den Leib zu rücken. Jedesmal, wenn wir uns umdrehten, stießen wir aneinander. Genaugenommen waren wir der Kabinenwand näher gerückt.

Eines Tages beim Mittagessen fragte ich meinen Mann: »Warum trägst du unter deinem Pulli einen Rettungsring?« – »Tue ich gar nicht. Alles meins«, gab er ungeniert zurück.

Als die faulen Tage weitergingen, herrschte im Geschenkladen ein Gedränge um die Ständer mit diesen hübschen bunten Hängern, die für jede Größe geeignet sind. Als wir in Bergen anlegten, um eine norwegische Volkstanzgruppe zu sehen, gingen mehr als ein Dutzend von uns Frauen in diesen Kleidern an Land. Wir sahen aus wie die nächste Nummer im Programm.

Eines Nachts ging unser Wecker, mein Mann drehte sich um und fragte schläfrig: »Schon wieder Frühstück?«

»Steh auf!« befahl ich. »Zeit für das Mitternachtsbuffet auf dem Promenadendeck. Es gibt Ochsenzunge in Gelee und indisches Lammcurry.«
Er schwenkte die Beine aus dem Bett und rieb sich die Augen. »Schon wieder dieses indische Lamm!« schimpfte er. »Warum gibt es nicht einfach das gute alte Hüftsteak mit Folienkartoffeln?« Er zog sein Sweatshirt aus und fuhr fort: »Und überhaupt, das muß aufhören!«
»Was muß aufhören?«
»Wie oft essen wir am Tag?«
»Siebzehn- ... achtzehnmal, höchstens«, sagte ich beschwichtigend. »Stimmt was nicht?«
»Wenn wir so weitermachen, brauchen wir bald eine eigene Postleitzahl.«
»Nach dem Wecken gibt es nur ein Brötchen und einen Kaffee.«
»Gefolgt von einem Frühstück mit acht Gängen«, fügte er hinzu.
»Niemand zwingt dich, direkt vor dem Mittagessen eine Bouillonpause einzulegen.«
»Wer hat dich denn mit vorgehaltener Pistole zu dem Tee mit Sandwiches und Keksen gezwungen?« gab er zurück.
»Ich war es jedenfalls nicht, der sich zur Happy Hour durch die ganzen Kanapees und Horsd'œuvres gefressen hat«, bemerkte ich hämisch.
»Jedenfalls hattest du beim Abendessen wieder Appetit ... und später bei der Pizzaparty und am nächsten Morgen beim Frühstück für Frühaufsteher.«
»Schau«, sagte ich, »wenn du meinst, ich werde zu dick, dann sag's einfach.«
»Laß es mich so sagen. Wenn jemand einen Diaabend veranstalten will, brauchst du in Zukunft nur noch weiße Hosen anzuziehen und dich nach vorn zu bücken.«

Er knallte die Tür hinter sich zu, als er die Kabine verließ.
Warum wurden die Leute auf dem Traumschiff im Fernsehen eigentlich nie dick? Ach, das Leben war einfach ungerecht!
Ich sah in den Spiegel. Mein Mann hatte recht. Ich fing an, mich wie die Freiheitsstatue zu kleiden. Ich streckte die Arme aus und schlackerte mit meinen weichen Oberarmen. Es war nur eine Frage der Zeit, bevor vierzehn Touristen in meinen Arm passen würden. So konnte ich nicht nach Hause fahren.
Als ich mich beim Buffet zu ihm setzte, erklärte ich ihm meinen Plan. Von nun an würden wir die ganzen auf dem Schiff angebotenen Aktivitäten ausnutzen und so die überschüssigen Pfunde wieder abtrainieren. Er war einverstanden.
Wenn es etwas gibt, das auf einer Kreuzfahrt klappt, und zwar richtig gut klappt, dann ist das die Beschäftigungstherapie. Auf jeden Fall gibt es dafür genügend Personal. Während ich zur »Fitness für Faule« bei Jennifer ging, war mein Mann in der Bibliothek beim »Daily Quiz« mit Carol. Während ich von Koch André lernte, Rosetten aus Radieschen zu schneiden, nahm mein Mann an einem Shuffleboard-Turnier mit Bruce teil. Ich lernte bei Maria und Philipe den Tango. Er trainierte seinen Golfschwung bei Phil.
Eines Nachmittags wollte ich mit ihm Kapitän Gunther auf der Brücke besuchen, aber er spielte gerade mit Hal und Barbara Bingo.
Wir waren wie zwei Schiffe, die nachts aneinander vorbeifuhren. Wenn er mit Sybil und ihrer Gruppe beim Tischtennis war, lernte ich Kalligraphie bei »Lotosblume«. Er lernte Tontaubenschießen bei Hank, während ich Bridge spielte.

Eines Abends, als ich mich in der Pianobar zu Debbie Sunshine ans Klavier setzte, traf ich zufällig meinen Mann. »Du fehlst mir«, sagte ich.
»Du mir auch«, antwortete er.
»Ich habe heute im Bingo gewonnen«, sagte ich.
»Hast du Lust, ins Spielkasino zu gehen?«
»Liebend gern«, erklärte ich, »aber ich habe eine Probe. Die Passagiere führen ›The Sound of Music‹ auf. Ich bin eine der Nonnen.«
»Perfekte Besetzung«, meinte er und ging seiner Wege.
Wir sahen uns selten, aber eines Abends, als ich nach dem Handarbeitskurs in die Kabine kam, lag mein Mann ausgestreckt auf dem Bett. Ich fragte ihn, was er hier mache.
»Ich bin erschöpft«, antwortete er. »Meinst du, daß ich nicht mal einen Abend auf den Smoking und die Fliege verzichten kann und darauf, aus einem geschnitzten Schwan aus Eis Krabben zu essen und bis ein Uhr morgens zu tanzen?«
Ich setzte mich zu ihm auf das Bett. »Heute abend kannst du den Smoking vergessen«, erwiderte ich sanft. »Heute abend ist die Kostümparty, weißt du das nicht mehr? Jeder soll in einem Kostüm aus Sachen erscheinen, die er gerade zur Hand hat.«
»Du machst Witze«, sagte er.
»Keine Sorge. Ich habe das Kostüm für dich. Du kannst meine grünen Strumpfhosen und meinen grünen Aerobicanzug anziehen und als Zucchini gehen.«
Als wir uns wieder Kopenhagen näherten, sprachen wir kaum noch miteinander. »Wer sich schon lange kennt, kriegt nicht mehr so schnell Nachwuchs«, hat Mark Twain einmal gesagt. Wir kannten uns so lange, daß wir uns nur noch auf die Nerven gingen. Die überflüssigen Pfunde hatten uns träge und mißmutig gemacht. Wir waren erschöpft von soviel Freizeit.

Am letzten Abend auf See vor unserer Rückkehr saßen wir beide steif am Tisch des Kapitäns und schlürften den Wein, der in unserem Menü eingeschlossen war.
Ich sah mich am Tisch um. Wir hatten uns alle gegenseitig zu Tode amüsiert. Wir hatten mit diesen Leuten mindestens einhundertsechsundneunzig Essen gegessen. Wir hatten alle ihre Geschichten gehört, ihre Reisen nachgelebt, über ihre Witze gelacht und ganze Fotoalben mit Angeberfotos von ihren Enkelkindern studiert. Die Kreuzfahrtgäste waren anders als unsere Busrundreisetypen. Aber genauso schrecklich.
Da war Edith Purge, die Nachtischkönigin. Sie reiste allein, und weil sie alles aß, was sie kriegen konnte, hüllte sie sich in lange, weite Gewänder. Ihre Einstellung lautete: »Ich habe schließlich viel Geld dafür gezahlt.« Als der Oberkellner sie fragte, ob sie für das Abendessen um sieben oder um neun Uhr reservieren wolle, antwortete sie: »Ja.« Sie verbrauchte jeden Tag drei Filme – alles Bilder vom Nachtischbuffet.
Dann waren da die Tweeds ... ein zackiges Ehepaar aus Maine. Sie standen beide auf Fitneß und hatten sich vorgenommen, uns den Geschmack am Essen zu verderben. Ich kann bis heute kein heißes Würstchen essen, ohne an ihren Vortrag über Schlachtabfälle zu denken. Jeden Morgen um sechs stürmten die Tweeds an Deck, und wehe dem, der ihrem flotten Stechschritt in die Quere kam.
Die Craigs waren ein interessantes Paar. Er war Trinker, und sie zog sich acht- bis zehnmal am Tag um. Einen Abend bemerkte ich ein Pflaster an ihrer Hand. Ich schwöre, es war ein G für Gucci darauf. Wir bekommen noch jedes Jahr von ihnen eine Weihnachtskarte. Unser Name ist immer falsch buchstabiert.
Beim Abschiedsdinner ließ Kapitän Gunther unseren Kellner kommen, der eine Flasche Aquavit auf den Tisch

stellte. Der Kellner erklärte, dies sei ein starker norwegischer Schnaps. Nach jedem Schluck müsse man mit einem Schluck Bier nachspülen. Nach zwei Schluck vergesse man, mit wem man gekommen sei. Der Kapitän kippte die erste Runde, als ich mich über den Tisch beugte und sagte: »Ich habe gelesen, man soll Bier und Aquavit nicht zusammen trinken.«
Der Kapitän sah mich mit glasigem Blick an und lächelte dann: »Ich bin Norweger. Es besteht keine unmittelbare Gefahr.«
Mein Vater pflegte zu sagen: »Alles im Leben hat seinen Preis.« Aber er war ja auch nie auf einem Kreuzschiff, wo er fünfzehn Mahlzeiten am Tag bekam, ohne auch nur einen Cent neben den Teller legen zu müssen. Ihm haben niemals Leute das Kissen aufgeklopft, ihm das leere Glas aus der Hand genommen oder einen Liegestuhl bereitgestellt, ohne dafür die Hand aufzuhalten. Wie gut, daß alles hier im Preis inbegriffen ist, dachte ich glücklich und belächelte die alten Weisheiten meines Vaters.
Doch an jenem letzten Abend der Kreuzfahrt wurde mir klar, wie recht der alte Herr gehabt hatte. Es gibt einen Augenblick, an dem man für den Spaß bezahlen muß, den es gemacht hat, ohne Portemonnaie über das Deck zu tanzen.
Kurz vor der Rückkehr wird man angehalten, allen Leuten seine Wertschätzung zu zeigen, die einen so liebevoll umsorgt haben.
So läßt man dem Liegestuhlwächter ein Trinkgeld da, der sich beeilte, einem jeden Morgen den Stuhl aufzustellen, dem Handtuchsteward, der wie eine Amme herumstand und darauf wartete, einem die Schweißperlen von der Stirn zu wischen, und dem Cocktailkellner, der einem die Drinks an den Pool brachte.
Sie dürfen den Oberkellner nicht vergessen, der Sie jeden

Abend an Ihren Tisch begleitete, dann den Weinkellner, der Ihnen half, etwas Fruchtiges, aber nicht »Prätentiöses« auszusuchen, und Ihren Steward, der sich Ihren Namen vom ersten Tag an gemerkt hatte ... so ein netter Junge!
Sie geben auch den Leuten Trinkgeld, die Ihnen Brot auf den Tisch gestellt und es hinterher wieder abgeräumt haben, und dem Gepäckträger und dem Barkeeper, Ihrer bevorzugten Cocktailkellnerin und der Sängerin, die ihre Kapelle dazu brachte, für Sie »Happy Birthday« zu spielen.
Sie geben dem jungen Mädchen Trinkgeld, das Ihr Bett aufgeschlagen hat, und der Frau, die jeden Tag die Kabine geputzt hat. Sie geben der Friseuse Trinkgeld, die Ihnen das Haar aufsteckte, und dem Zimmerkellner, der Ihnen das Abendessen mehrmals in die Kabine gebracht hat. Den Croupier im Kasino dürfen Sie natürlich auch nicht vergessen.
Als mein Mann seine flache Brieftasche in die Tasche des Sakkos steckte, meinte er: »Hoffentlich haben wir noch genug Geld für das Taxi.«
»Dafür bist du jetzt um die Hüften fünf Zentimeter schmaler«, entgegnete ich.
Ich weiß, diese Bemerkung war gemein, aber irgendwie konnte ich sie mir nicht verkneifen.

Einkaufen

Jeder hat Vorbilder.
Meins ist ein Traumteam aus vier Frauen, die als die Vier Apokalyptischen Reiter der Amerikanischen Shoppingliga berühmt geworden sind:
Imelda Marcos, früher Philippinen;
Nancy Reagan, USA;
Michelle Duvalier, Haiti;
Jacqueline Onassis, USA.
Ich kann Ihnen sagen – nichts läßt mein Herz höher schlagen, als einem Einkaufsteam zuzusehen, das körperlich voll auf der Höhe, geistig beweglich und professionell ausgebildet ist, um in Läden und Boutiquen zuzuschlagen.
Wir sprechen hier nicht von Amateuren, die um den Schlußverkaufspokal spielen und fünfzehn Minuten herumfummeln, bevor sie das Preisschild entdeckt haben.
Nein, meine Lieben – wir sprechen von den absoluten Topfrauen, die an einem Tag 10430 Dollar für Bettwäsche ausgeben und zweihundertzwanzig Eßservice à 952 Dollar kaufen. Das ist der Stoff für Musicals, nach denen Sie singen werden: Don't Cry For Me Valentino.
Es ist schwer, in die höchste Shoppingliga vorzustoßen. Ich weiß noch, wie Raissa Gorbatschow Aufsehen erregte, als sie bei einem Londonbesuch vor etlichen Jahren ein paar Dollar für Schmuck ausgab. Sowjetische Kritiker bekamen Anfälle und behaupteten, sie sei der Dekadenz westlicher Sitten verfallen.
In Wahrheit sind russische Käufer doch gut zweihundert Jahre hinter dem Rest der Welt zurück. Sie sitzen da herum, sammeln Raketen oder schnitzen Figuren, die hin-

terher ineinanderpassen sollen, während der Rest der Welt die technische Herausforderung großer Einkaufszentren angepackt hat.
Wie auch immer, mein Mann sagt, ich sei fit für die Shoppingliga, aber das sagt er nur, damit ich mich gut fühle. Nur wenn wir in Urlaub fahren, fühle ich mich richtig gefordert. Ich habe da ein paar Grundregeln:
1. Kaufe nie etwas, das unter den Flugzeugsitz paßt.
2. Kaufe hastig. Bereue mit Muße. Mal ehrlich, du kommst da sowieso nie wieder hin.
3. Zu Hause halten die meisten Leute eh alles für geschmackvoll, solange es aus einem fremden Land kommt. Es ist auch kein Fehler, ausländische Preisschilder dranzulassen. Zwölf Millionen Lire hört sich in jedem Fall beeindruckend an.
4. Kaufe nie Kleider in einem Land, wo die Frauen schwere Mäntel und Kopftücher tragen.
5. Frage dich nie: »Brauche ich das?« Die Antwort ist stets nein.

Reiseandenken sind eine meiner wenigen Freuden am Reisen. Ich kaufe alles. Nichts ist zu kitschig, um es nach Hause zu schleppen. Ich habe schon Schlüsselanhänger aus Wildschweinhaar gekauft, ein geschmackloses T-Shirt mit dem Aufdruck »ICH WAR AUF NEUGUINEA, UND KEINER HAT MICH GEGESSEN«, Briefbeschwerer mit dem Ungeheuer von Loch Ness und eine Gruppe in Gießharz gegossener Frösche aus Mexiko. Sie spielen auf kleinen Instrumenten. Ihre Gesichter zeigen einen Ausdruck unvorstellbarer Angst.
Ich habe Kokosnüsse mit aufgemalten Indianergesichtern gekauft, aufgeblasene Kugelfische, Teppiche, die nach Kameldung rochen und ein Toilettenhäuschen mit einer Tür, die sich öffnen läßt und einen Bergsteiger auf dem Klo freigibt, der eine Zeitung liest.

Ich habe Urlauber gesehen, die sich über ein in ein Plastiklesezeichen eingeschweißtes vierblättriges Kleeblatt so begeisterten, als kauften sie eine Eigentumswohnung in Florida. Für mich ist so was einfach eine einmalige Gelegenheit, und wenn mir beim Wühlen in der Küchenschublade mal ein Flaschenöffner mit dem Bild vom Vesuv in die Hände fällt und das eine Erinnerung auslöst, war es die Sache wert.

In Istanbul gibt es einen riesigen Gewürzmarkt mit langen Reihen von Fässern voller Gewürze, die alle genau beschriftet sind – auf Türkisch. Ich kaufte zwei Pfund von einem Haufen grünem Zeugs, das ich für Pfefferminze hielt. Es war Henna. Bei der nächsten Musicaltournee von »Hair« können sich die Mädels ihre Hippiefrisuren bei mir nachfärben.

Einkaufen ist vor allem ein Denksport. Besonders in der Türkei, wo fast jeder männlicher Bürger über zwölf ein Teppichhändler ist. Es sind so viele, daß sich die Touristen kaum zu helfen wissen – sie müßten schon ein Kruzifix vor sich halten und schreien: »Zurück! Zurück!« Dementsprechend haben die Teppichverkäufer die einfallsreichsten Maschen auf Lager, die ich je gesehen habe.

Die »LANDSMANN«-Masche:
Sie stehen an einer Straßenecke, umringt von sechs Teppichhändlern, als ein Mann erscheint, der den anderen auf Türkisch klarmacht, daß sie verschwinden sollen, und sich dann in fließendem Englisch an Sie wendet: »Sind die nicht lästig? Ich komme auch aus Amerika. Woher kommen Sie?« Egal welches Land Sie nennen, er war schon da.

Er wird Ihnen erzählen, seine Frau und er seien vor einigen Jahren in die Türkei gezogen. Er lädt Sie in aller Freundschaft zu einer Tasse Kaffee ein. Den Kaffee kriegen Sie dann in einem Teppichgeschäft (was haben Sie erwartet?), das nur ein paar Straßen von Ihrem Hotel entfernt liegt. Er wird Ihnen erzählen, daß er Teppiche für eine große New Yorker Firma kauft. Falls Ihnen hier etwas besonders gefällt, kann er es Ihnen zu einem guten Preis besorgen. Lieferung frei Haus, versteht sich.

Die »VERTRAUEN SIE MIR, ICH VERKAUFE KEINE TEPPICHE«-Masche:

Sie machen gerade einen Schnappschuß im Park, als ein junger Mann Sie fragt: »Das ist ja eine tolle Kamera. Wieviel haben Sie dafür bezahlt?« Sie zucken die Achseln und nennen ihm eine Zahl, und er holt seine Brieftasche hervor und sagt: »Die würde ich Ihnen gern abkaufen.« Sie lächeln (großer Fehler) und sagen: »Nein, danke.«

Er läuft Ihnen zwei Tage lang hinterher und versucht Sie umzustimmen, bis Sie schließlich sagen: »Ich möchte meine Kamera wirklich nicht verkaufen. Auf Wiedersehen.«

Das ist sein Stichwort. »Möchten Sie dann nicht wenigstens einen Blick auf meine Teppiche werfen? Sie sind besser und billiger als alle anderen. Sie können gerne mit Kreditkarte zahlen.«

Die »FREMDSPRACHEN«-Masche:

Das ist eine sehr beliebte Masche. Der Verkäufer kommt ganz dicht an Sie heran und fragt: »Parlez-vous Français?« Sie schütteln den Kopf. »Sprechen Sie Deutsch?« Sie sagen nein. Nachdem er jedes Land im Weltatlas durchhat, tippt er mal auf Englisch. Sobald Sie eine Sprache mit ihm gemeinsam haben, klebt er an Ihnen wie eine Strumpfhose in Neapel im Hochsommer, und wird Ihnen erzählen, wie großartig seine Teppiche sind. Er bietet Ihnen an, bei der Zollerklärung zu lügen.

Die »WISSENSDURST«-Masche:

Am Straßenrand steht ein großes Beduinenzelt. Vor dem Eingang werden Sie einem jungen Mann begegnen, der

Englisch spricht und Ihnen die Bräuche der Nomaden und ihr Leben in früherer Zeit erklären will. Anschließend wird er Ihnen nun die Werkstatt zeigen, wo die Handwerker Wolle mit Naturfarben bearbeiten. Zwei Frauen sitzen an Webstühlen, jagen ihre Schiffchen hin und her, daß einem schon vom Hinsehen ganz schwindlig wird. Diesen Moment nutzt der junge Mann aus, um zu sagen: »Kommen Sie, sehen Sie sich das fertige Erzeugnis in unserem Verkaufsraum an.«
Ich kaufte einen Teppich. Er sagte, ich hätte einen ausgezeichneten Geschmack.
Einmal sammelte ich soviel Schrott zusammen, daß mich der amerikanische Zollbeamte bei der Einreise fragte: »Wie lange waren Sie denn fort?«
»Drei Wochen«, entgegnete ich.
»Das geht doch nicht. In drei Wochen kriegen Sie doch nicht soviel Zeug zusammen. Haben Sie was vom Land gesehen?«
»Von welchem Land?« fragte ich.
Er winkte mich durch.
Wir haben schon zehn Dollar für eine Limonade in Schweden bezahlt und zwölf Dollar für einen Hamburger in der Sowjetunion. In Japan haben wir für zwei Tassen Suppe und zwei Limonaden zweiundvierzig Dollar auf den Tisch geblättert.
Mein Mann nimmt das so ernst wie der Präsident der Notenbank. Mir wiederum kommt alles vor wie ein Spiel. Ausländisches Geld ist für mich wie Monopoly-Geld. Mir macht es nichts aus, für eine Tasse Kaffee einen Koffer italienisches Geld abzuliefern.
Mein Mann hat immer einen Taschenrechner für ausländische Währungen dabei. Man gibt einfach den Wechselkurs ein, drückt ein paar Tasten, und die Antwort erscheint.

Ich habe mein eigenes Verfahren. Ich lasse einfach die letzten drei Nullen weg, teile die Zahl durch zwei, füge mein Alter hinzu (nicht das wirkliche, sondern das aus meiner Autorennotiz) und setze ein Dezimalkomma an die dritte Stelle von rechts. Das kommt ungefähr hin.
Wenn das nicht klappt, strecken Sie einfach beidhändig Ihr ganzes Geld hin und lassen Sie den Verkäufer das nehmen, was er will.
Auf jeden Fall sollte man sich das Einkaufen nie vom Dollarkurs vermiesen lassen. Ich verstehe Leute nicht, die ins Ausland reisen und hinterher statt einer Zollerklärung nur ihren Durchfall zu erklären haben. Feilschen ist eine Kunst. In San Miguel de Allende in Mexiko sah ich eine ein Meter achtzig große hölzerne Statue von Don Quijote, die großartig in meinen Vorgarten passen würde.
»Cuanto?« fragte ich.
Der Verkäufer schrieb: einhundertfünfzig Dollar.
Ich lachte und ging zur Tür. Er rief mich zurück und schrieb: einhundert Dollar. Ich fing an zu summen und Flusen von meinem Kleid zu zupfen. Er schrieb weiter, bis er bei siebenundsiebzig Dollar war.
»Gekauft«, erklärte ich.
Einem Mann, der eine Straße weiter sein Geschäft hatte, zahlte ich zweiundvierzig Dollar, um die Statue in eine Kiste zu verpacken und sie mit der Bahn bis nach Laredo in Texas zu kriegen und noch mal dreihundertzwanzig Dollar für den LKW-Transport bis vor meine Haustür. Wenn Leute mich heute fragen, wieviel ich für diese hübsche Statue bezahlt habe, sage ich selbstverständlich: »Siebenundsiebzig Dollar.«
Shopping ist vermutlich der am meisten unterbewertete Kontaktsport der Welt. Besonders in Ländern mit Siesta, wo die Läden mittags zugemacht werden, in Spanien, Mexiko oder Griechenland, ist Shopping eine Herausfor-

derung. Die Läden sind dort meist nur von 10 bis 13 Uhr geöffnet. Dann machen sie noch mal zwischen 15 Uhr und 17 Uhr 30 auf. Man muß also schnell zuschlagen. Ich kann mich in diesem hektischen Einkaufsklima nur behaupten, weil ich keinen Geschmack habe.

Das Einkaufsparadies eines jeden passionierten Einkäufers ist Hongkong. Die Stadt als gewaltiges Einkaufszentrum. Wir verbrachten vier Tage in Läden und Geschäften, die sich über Quadratkilometer hinzogen. Ich ließ mir keine Zeit zum Essen oder Schlafen. Einmal stand ich kurz vor einer Ohnmacht.

Als ich wieder zu Hause war, waren meine Kreditkarten vollkommen abgenutzt. Angeblich ist Hongkong so etwas wie die Weltmeisterschaft fürs Shopping. Zugegeben, es hat Spaß gemacht, aber eine richtige Herausforderung war Hongkong nicht. »Hast du was von dort mitgebracht?« ist eine Frage wie »Arbeitet der Papst auch sonntags?«

Ich wußte, daß meine Shoppingtalente noch auf die Probe gestellt würden. Ich war bereit.

Südamerika

Nach einem Flug von 3500 Kilometern von Chile in den Südpazifik war es eine Erleichterung, unter uns die Umrisse von Rapanui, der Osterinsel, zu sehen.
Ich hatte mich auf die Reise nach Südamerika unwahrscheinlich gefreut. Alles, was ich darüber gelesen hatte, hatte meinen Enthusiasmus nur vergrößert... Diese himmlischen Wollponchos auf dem Markt für nur sechs Dollar... Schnäppchen bei kostbaren Silberhalsbändern und Ohrringen... gar nicht zu reden von den handbestickten Blusen und den Pullovern, die ich zu Weihnachten verschenken konnte.
Als wir unser Gepäck auf dem Rollfeld in Empfang nahmen, beschlich mich ein ungutes Gefühl. Ich schüttelte es ab. Ich würde mich besser fühlen, sobald wir im Ort waren... im Zentrum des Geschehens. Doch das Gefühl ließ nicht nach. Als wir an kleinen Ansammlungen von Häusern und gelegentlich einem Lebensmittelgeschäft vorbeifuhren, flüsterte ich meinem Mann zu: »Dieser Ort hat etwas Merkwürdiges an sich.«
»Ich weiß, was du meinst«, sagte er und lächelte. »Mir geht es auch so. Keine üppigen Wälder, keine tropischen Vögel, keine weißen Strände oder dramatischen Wasserfälle, keine Gebäude von Rang – nur die heulenden Winde, die über diese karge Landschaft fegen und diese riesigen, rätselhaften Steinfiguren mit leerem Blick, die majestätisch aufragen.«
»Weshalb redest du wie Jacques Cousteau? Schau dich um! Ist dir klar, daß wir hier noch keinen einzigen Andenkenladen gesehen haben? Ich soll vier Tage auf einer Insel ohne Geschenkladen zubringen?«

»Du kannst dich doch unmöglich langweilen, umgeben von soviel Symbolik und rätselhaften Mythen?«
»Sieh mich an«, verlangte ich. »Ist dir klar, mit *wem* du verreist? Du siehst eine oberflächliche Frau, die in Rom, während der Papst die Messe las, wegstürzte, um sich von einem Straßenhändler, der fünfzehn Uhren am Unterarm trug, einen Splitter von dem Kreuz andrehen zu lassen, an dem Jesus gestorben sein soll.«
»Wie ich dich kenne«, meinte er lakonisch, »zeigst du dich der Herausforderung gewachsen.«
Ich schloß mich also unserer Reisegruppe an und fuhr in den kleinen Bussen mit. Ich hatte keine Wahl. Wir buddelten in Höhlen, Vulkanen und Ausgrabungsstätten herum, wo die großen Steinfiguren restauriert wurden, und ich gebe zu, daß mich alles faszinierte. Einige der Statuen waren umgefallen und lagen mit dem Gesicht nach unten im Freien. Einige lagen noch in den Höhlen, wo die Arbeit daran abgebrochen worden war. Manchmal standen sie in Gruppen. Ein paar trugen komische Hüte; andere hatten große Ohren. Aber sie alle hatten etwas gemeinsam. Sie waren riesig, hatten keine Augen und waren ein Rätsel für die Anthropologen, die seit Jahren auf die Osterinsel kamen und versuchten, die Geheimnisse einer Kultur zu ergründen, die kaum andere Spuren hinterlassen hat.
»Siehst du«, sagte mein Mann, »ich wußte, daß du von diesem Ort fasziniert sein würdest. Ich wette, du denkst nicht mal mehr an dein blödes Shopping.«
»Ich liebe diese Orte«, erklärte ich, »aber wenn ich nicht in den nächsten vierundzwanzig Stunden etwas zu kaufen finde, werde ich wahnsinnig.«
In der Nähe unseres Hotel (das übrigens auch keinen Andenkenladen hatte) standen auf einer Art Plattform sieben dieser ungefähr achtzehn Meter hohen Statuen, mit

dem Rücken zum Meer. Sie sahen aus wie gewaltige Pappkameraden auf dem Schießstand einer Polizeischule. Da Südamerikaner nicht vor einundzwanzig Uhr essen, mußte ich für meine Verpflegung sorgen. Ich schlafe nämlich um halb zehn ein. So nahm ich mir jeden Abend in der Dämmerung einen Schokoriegel und eine Tüte Kartoffelchips und ging zu den Steinernen Sieben.
Als ich meine Füße von dem Steinsockel baumeln ließ, sah ich zu ihnen auf, musterte ihre ausdruckslosen Mienen und dachte plötzlich, daß sie allein das Geheimnis bewahrten, weshalb es auf der Osterinsel keine Andenkenläden gab. Es hatte vermutlich etwas mit einer Frau zu tun, die versucht hatte, mit ungedeckten Muscheln zu bezahlen.
Am nächsten Morgen lungerte ich im Hotel herum und fragte einen der Osterinsulaner, wo hier Andenken verkauft würden.
Er berichtete, die Einheimischen würden eine ganze Menge Schmuck und Figuren herstellen, sie aber nicht gerne gegen Geld abgeben. Ich war ganz Ohr.
Anscheinend zeichnet sich die Osterinsel dadurch aus, daß sie der abgelegenste Fleck auf der Welt ist. Nächster Nachbar ist die Insel Pitcairn, die 1200 Meilen weiter westlich liegt. Deshalb ist die Osterinsel oft vom lebensnotwendigen Nachschub an Grundnahrungsmitteln abgeschnitten. Zwar reisen die Touristen regelmäßig aus Chile mit dem Flugzeug ein, aber es ist zu teuer, auch Vorräte einzufliegen. Eigentlich soll halbjährlich ein Versorgungsschiff kommen, aber wegen der rauhen See gibt es oft Verzögerungen, und manchmal kommt das Schiff auch gar nicht. Die Einheimischen tauschten ihr Kunsthandwerk aus verständlichen Gründen also lieber gegen Aspirin, Schuhe, Shampoo oder eine Schere.
Damit konnte ich umgehen. Ich brauchte nur die Regeln

zu kennen. An diesem Nachmittag besuchte ich einen Figurenschnitzer und sank auf die Knie wie ein Spieler, der die einzige Partie Würfel in der Stadt gefunden hat.
Noch bevor wir die Osterinsel verließen, hatte ich einen Koffer mit wunderschön geschnitzten Statuen, herrlichem Schmuck und mehreren Aquarellen.
Mein Mann mußte seine Joggingschuhe zurücklassen, seine Rasiercreme, sein Schweizer Armeemesser, eine seiner Jeans, einen Baumwollpullover und seinen Trainingsanzug.
Hätten seine Dioptrien gepaßt, hätte ich seine gute Sonnenbrille vom Optiker gegen ein Strandtuch tauschen können, das mit einer Statue bedruckt war.
»Warum tauschst du nicht deine eigenen Sachen ein?« fragte er erbost.
Tja, das war das Merkwürdige an der Sache – die Eingeborenen mögen ja vom Rest der Welt abgeschnitten sein, aber sie haben einen guten Geschmack.
Wenn ich gedacht hatte, die Osterinsel sei eine Herausforderung für Souvenirjäger wie mich, stand mir die zweite Bewährungsprobe meiner Shoppinglaufbahn noch bevor. Unser nächster Halt waren die Galapagosinseln vor der Küste Ecuadors.
Das Flugzeug landete auf einer kargen Piste, wo es nur eine Art Wartehäuschen gab, um ankommende Passagiere vor der Sonne zu schützen. Von dort wurden wir in ein kleines Boot getrieben, um durch den Archipel zu kreuzen, der eine bedeutende Rolle für die Erforschung der Evolution gespielt hatte.
Als ich hörte, daß die meisten der Inseln menschenleer waren, ließ ich den Mut sinken. Ich rechnete täglich damit, daß die Kreditkartengesellschaft meinem Mann zum Tod seiner Frau kondolierte. Meine Karte war seit Wochen nicht zum Einsatz gekommen.

Ich hätte nichts dagegen gehabt, am Strand mit den Seelöwen herumzuplanschen, die um mich herumschwammen, als ob es am Strand Heringe umsonst gegeben hätte. Ich wäre auch noch bereitwillig einen Berg aus Vulkanasche runtergerutscht, wenn ich sicher gewesen wäre, daß es unten eine kleine Bude mit Ansichtskarten und parfümierter Seife gegeben hätte. Aber es gab gar nichts.
Ich war gefangen auf einem Schiff ohne jeglichen Komfort, umgeben von Geologen, Zoologen und Botanikern, die sich um die Erhaltung unseres Planeten kümmerten, aber nicht um Toilettenpapier. Ich hasse Verallgemeinerungen, aber es gibt einen klaren Zusammenhang zwischen superklugen Köpfen und mangelndem Sinn fürs leibliche Wohl.
Das Schiffchen schaukelte tagelang von Insel zu Insel, um den Blaufußtölpel oder die Galapagosechse zu studieren. Wir ließen uns auf einer Riesenschildkröte fotografieren. Wir krabbelten über spitze, zerklüftete Felsen, wurden von der Gischt vollgespritzt und verbargen uns im hohen Gras, um Fregattvögel beim Balzen zu beobachten. Dabei kam ich mir ziemlich unanständig vor.
Auf einer Insel waren Forscher damit beschäftigt, die Fortpflanzung von Schildkröten zu beaufsichtigen. Es gab buchstäblich Tausende von Babyschildkröten, die in einer großen Grube rumkrabbelten. Als ich mich zu meinem Mann umdrehte, glänzten meine Augen, und ich machte den Mund auf, ihm meine Idee mitzuteilen.
»Kommt nicht in Frage!« sagte er, als könne er meine Gedanken lesen. »Die Einwohner hier werden nicht Galapagos auf ihren Schild pinseln und sie verkaufen.«
Abends schloß ich mich der Gruppe in der kleinen Messe des Schiffes an, um Vorträge zu hören, Dias anzusehen und Notizen darüber zu machen, was wir am nächsten Tag sehen würden. Niemand ahnte, daß ich im Studium

auf die Klausurfrage »Was ist ein Nomade?« geschrieben hatte: »Der Name von dem Kerl, mit dem ich gerade Schluß gemacht habe.«
Das waren keine Leute, die sich für Souvenirs interessierten – soviel war mir klar. Es waren Puristen, die diesen Urlaub machten, um etwas über unseren Planeten zu lernen. Hätten sie geahnt, welch Geistes Kind ich war, hätten sie mich wahrscheinlich zum Studienobjekt gemacht.
Nach fünf Tagen im Galapagosarchipel nahm ich meine Kreditkarten aus meinem BH und steckte sie zurück in meine Brieftasche. Ich hatte meine erste Niederlage erlitten.
Es gibt wenige Orte auf der Welt, wo man wirklich darum kämpfen muß, sein Geld auszugeben. Selbst an heiligen Stätten zeige ich Ihnen einen Stand mit T-Shirts wie »ICH HABE DEN PAPST GESEHEN!« oder »IN LOURDES SCHMECKT DAS WASSER BESSER«.
Natürlich gibt es Orte, wo sogar ich weiß, daß man mit leeren Händen zurückkommen wird. So ein Ort ist zum Beispiel das Nordkap. Das ist eine trostlose Gegend am Polarmeer, die man nur auf einer Straße erreichen kann, die sich durch eine Landschaft windet, die bestenfalls noch als »verlassen« bezeichnet werden kann. Es gibt einige kleine Seen, spärliche Vegetation und Herden von Rentieren, die im Sommer zum Weiden hergetrieben werden.
Wir waren vom norwegischen Honningsvag aus ungefähr eine Stunde mit dem Bus unterwegs, bevor wir die Zelte eines Lappendorfs erreichten. Die Lappen waren so neugierig auf uns wie wir auf sie. Mir war sofort klar, daß diese Reise souvenirmäßig mal wieder ein Flop werden würde.
Um einen Mann aus der Reisegruppe, der noch nicht wieder eingestiegen war, zur Eile anzutreiben, ließ unser

Busfahrer den Motor an. Der Nachzögling war natürlich mein Mann. Er tauchte schließlich aus dem Zelt eines Lappen wieder auf – mit einem riesigen Bündel unter dem Arm. In dem Augenblick, als er den Bus betrat, wußten wir, was es war – eine Rentierhaut.
Trotz der bitteren Kälte rissen die Leute nach Luft schnappend die Fenster auf und hielten sich die Hände vor Mund und Nase. Mein Mann hatte wenigstens soviel Anstand, sich hinten in den Bus zu setzen.
Auch auf dem Schiff stank die Rentierhaut weiter vor sich hin. Ich besprühte sie mit Deodorant und Parfüm. Wir wickelten sie in Papier ein und verstauten sie unter dem Bett. Wir stopften sie ganz nach hinten in den Schrank und machten die Tür nicht mehr auf. Alles war zwecklos. Der aufdringliche Geruch setzte sich in unserem Haar und unseren Kleidern fest. Sobald wir in den Speisesaal kamen, zog jemand die Nase kraus und meinte höhnisch: »Seien Sie nicht überrascht, wenn eine Herde Rentiere zum Schiff rausschwimmt und Sie zum Tanz auffordert.«
Als wir wieder zu Hause waren, fragte mein Mann: »Wohin mit dem Rentierfell?«
»Du meinst, wenn es tot ist?«
»Ich finde, du übertreibst«, sagte er, »ich rieche es schon gar nicht mehr.« Er hängte seine Beute über die Werkbank in der Garage.
Wir haben den Wagen seither nie mehr in der Garage geparkt.

Preiswert fliegen

Manchmal male ich mir aus, wie die Brüder Wright auf einem Bordstein in Dayton in Ohio saßen und über die Zukunft der Menschen sprachen.
»Weißt du, Orville, hier unten wird es langsam eng. Wir sollten was erfinden, das Leute vom Boden und in die Luft hebt, so daß sie auf Flügeln von einem Ort zum anderen fliegen«, sagt Wilbur.
»Wie stellen wir das an, Wilbur?«
»Zuerst brauchen wir etwas wie einen Computertomographen, wo wir Leute reinstecken können.«
»Computertomographen sind doch noch gar nicht erfunden, Wilbur. Abgesehen davon klingt das nach Platzangst.«
»Okay, dann nehmen wir so was wie ein Silo. Da machen wir ein paar Fenster rein.«
»Und wie soll das mit dem Sauerstoff gehen?« fragt Orville.
»Wir setzen die Kabine unter Druck«, erklärt sein Bruder. »Falls was schiefgeht, haben wir natürlich für kleine Beutel mit Sauerstoff gesorgt, die automatisch vor dem Gesicht der Fahrgäste baumeln. Die Leute lieben solche Scherze.«
»Ich weiß nicht«, überlegt Orville. »Und wenn den Passagieren schlecht wird?«
»Null Problemo«, entgegnet Wilbur. »Für ein paar Dollar mehr könnten wir kleine Papierkotztüten mit Hinweisen zum richtigen Benutzen in zwei Sprachen in die Sitztasche stecken. So bekäme die Sache erst ihren Pfiff.«
»Könntest du mit diesen Silos auch in Städten landen?« fragt Orville.

»Bist du verrückt? Wie soll denn da ein Reisegefühl aufkommen? Wir würden die Passagiere natürlich auf einem Acker absetzen, der meilenweit von der Stadt entfernt liegt. Die Leute sollen selbst sehen, wie sie ins Zentrum kommen.«

»Was ist mit Essen?«

»Wir würden ihnen Mahlzeiten vorsetzen, die sie nicht identifizieren können. Dann werden sie nicht wissen, ob es gut oder schlecht ist.«

»Du bist ein Genie, Wilbur.«

»Ich stelle es mir wie einen Cluburlaub über den Wolken vor«, fährt sein Bruder fort. »Ein Ort, an dem die Freiheit grenzenlos ist und man keine Sorgen hat. Die Leute kriegen ihre Fahrkarte an einem Schalter, gehen dann durch die Sicherheitskontrollen, wo man alle ihre Sachen auf Pistolen und Messer hin durchleuchtet, und steigen in das Flugzeug. Nachdem die Flugbegleiter ihnen das Verhalten im Fall eines Druckabfalls erklärt und demonstriert haben, wie die Schwimmwesten angelegt werden, falls sie ins Meer stürzen, brauchen sie sich nur noch zurückzulehnen und zu entspannen.«

»Hört sich großartig an, Wilbur. Wieviel müßten wir wohl den Leuten zahlen, damit sie mitfliegen?«

»Orville, Orville, du kapierst es mal wieder nicht! Wir bezahlen nicht sie, damit sie mitfliegen. Die müssen uns was zahlen.«

An diesem Punkt stelle ich mir immer vor, wie Orville langsam vor seinem Bruder zurückweicht, bis er außer Reichweite ist, und dann atemlos zu seinem Vater läuft und ruft: »Vati! Komm schnell! Wilbur ist verrückt geworden!«

Die meisten von uns hegen eine Haßliebe zu Fluggesellschaften. Wir lieben sie, wenn die Maschine pünktlich startet, sonst hassen wir sie. Aber die Tatsache, daß Mil-

lionen von Menschen unbekümmert in Flugzeuge steigen, zeigt, daß wir unseren Sinn für Abenteuer noch nicht verloren haben. Irgendwie sind wir auch bereit, den Fluggesellschaften so ziemlich alles nachzusehen.
Auf einem Flug von Portland nach Seattle wurde ein Passagier durch ein defektes Flugzeugfenster gerissen. »Es war ein unglaublich starker Sog«, wurde er zitiert. »Ich versuchte zweimal wieder reinzukommen, aber allein hätte ich es nicht geschafft.«
Mitreisenden gelang es schließlich, den Passagier durch das zwölfmal achtzehn Zoll große Fenster wieder hereinzuziehen. Nachdem seine Verletzungen in Seattle behandelt worden waren, stieg der Mann unverdrossen beim Rückflug nach Portland wieder in dieselbe Maschine.
Ich habe es schon erlebt, daß die Flugzeugtüren verriegelt und die Durchsage gemacht worden war, »das Rauchen bitte einzustellen und sich anzuschnallen, weil wir jetzt starten«, als an die Tür geklopft wurde und Pilot und Copilot draußen standen, um an Bord zu kommen.
Ein anderes Mal konnte die Maschine nicht abheben, weil wir hoffnungslos am Flugsteig feststeckten, und nach einer Stunde sah es aus, als wären wir dort festgewachsen.
Gelegentlich gibt es im Flugzeug auch Spendenaufrufe wie im Fernsehen. Ich habe diesen Fall nicht selbst erlebt, aber auf einem Flug von London nach Madeira meldete sich der Kapitän über Lautsprecher: »Meine Damen und Herren, wir haben ein Flugproblem und benötigen Ihre Hilfe. Wir möchten Sie zu einer großzügigen Spende aufrufen, damit wir Treibstoff tanken und unsere Reise fortsetzen können.«
Die Passagiere ließen also den Hut rumgehen und brachten zweitausend Dollar zusammen, genug, um 14300 Liter Treibstoff zu tanken und London zu erreichen. Offen-

bar hatte sich der Flughafen Porto Santo auf Madeira geweigert, die Kreditkarte des Piloten anzuerkennen, und Bargeld verlangt.

Es gibt nicht zwei Leute an Bord eines Flugzeugs, die den gleichen Preis für ihren Platz bezahlt haben. Einige sind Verwandte von Angestellten der Fluggesellschaft, die nichts bezahlen, andere reisen auf angesammelten Oftfliegercoupons, und manche fliegen zum Superspartarif, bei dem man aber nur dienstags vormittags fliegen darf – und das auch nur in Monaten, die den Buchstaben »r« beinhalten, vorausgesetzt, Sie haben das Ticket an Ihrem Geburtstag gekauft.

Im Prinzip kann heute jeder fliegen. Aber nicht jeder kann erster Klasse fliegen. Das machen nur die Spesenritter oder Leute, die ihr Haustier zu einem Fernsehauftritt begleiten. Sie sind durch einen läppischen blauen Vorhang vom gemeinen Fußvolk getrennt.

Ich frage mich seit langem, wann die kleinen Leute mit den billigen Plätzen zum Touristen-, Economy- oder Superspartarif diesen Vorhang niederreißen und Gleichberechtigung fordern werden.

Wie lange werden sie es noch mitmachen, daß ihnen der Vorhang einfach vor der Nase zugezogen wird und man sie wie Asoziale absondert? So was führt zu Volksaufständen.

In Kalifornien beispielsweise hat eine Frau vor einiger Zeit in einem Gerichtsverfahren 8000 Dollar Schmerzensgeld erhalten, weil ein Passagier der ersten Klasse sie beschimpft und geschubst hatte, als sie sich in der ersten Klasse vor der Toilette anstellte.

Die Frau erklärte, den Vorhang als letzten Ausweg durchstoßen zu haben. »Ihre eigene« Toilette konnte sie nicht erreichen, weil ein Getränkewagen den Gang blockierte. Der Angeklagte verteidigte sich, die Frau habe »sich un-

erlaubten Zugang zur ersten Klasse verschafft und sein Vorrecht verletzt, die dortige Toilette zu benutzen«.
Und das ist nur die Spitze des Eisbergs! Das nächste Mal wird ein Passagier mit Supersparpreis seine Reisetasche in ein Gepäckabteil der ersten Klasse stopfen oder auf einem Interkontinentalflug versuchen, den Zigarettenrauch aus der ersten Klasse zu inhalieren.
Flugreisen in der ersten Klasse sind für die meisten Amerikaner von einem geheimnisvollen Nimbus umgeben. Sie stellen sich die Welt hinter besagtem Vorhang als ein Paradies vor, wo die Röcke und die Flugzeiten kürzer sind, wo die Unterhaltung live ist und Toiletten groß genug sind, daß sich die Tür schließen läßt, ohne daß man vorher auf den Klodeckel steigen muß.
Einige stellen sich Frauen mit Diademen und Spitzenfächer vor, die lachend den Kopf zurückwerfen und sagen: »Sollen die da hinten doch verkochte Nudeln und abgepackten Kuchen essen!«
In Wirklichkeit war der lausige Vorhang zwischen der ersten und der Touristenklasse nie dazu gedacht, die Touristen im dunkeln zu lassen, sondern die Passagiere der ersten Klasse. Sie sollen nicht wissen, daß sie mit Cocktails hingehalten werden, während das Flugpersonal schon die Touristenklasse abfüttert. In der ersten Klasse gibt es für das doppelte Geld nur halb so viele Toiletten und das gleiche Essen wie in der Touristenklasse.
Neulich, als ich wieder mal im Flugzeug saß (natürlich Touristenklasse), sah ich, wie ein Passagier aus der ersten Klasse heimlich seinen Kopf durch den Vorhang steckte, um uns auszuspionieren. Der Ärmste! Er weiß zuviel, als daß die Fluggesellschaft ihn leben lassen könnte.
Fluggesellschaften haben für alles ihre Vorschriften. Doch irgendwie sorgen sie sich bevorzugt um Dinge, die überhaupt keine Konsequenzen haben. Oder haben Sie schon

mal in der Zeitung eine Schlagzeile gelesen wie »PASSAGIER VERGASS GLAS VOR DER LANDUNG ABZUGEBEN: ERSTE KLASSE ERTRUNKEN« oder »GEPÄCK NICHT RICHTIG UNTER DEM SITZ VERSTAUT: NOTLANDUNG?«
Während das Flugpersonal vor Sorge ganz krank ist, daß die Tür zum Cockpit vor Fluggästen, die sich als Luftpiraten entpuppen könnten, geschützt wird, reißt es einen Flugkapitän der British Airways aus seinem Sitz, weil die Windschutzscheibe einen Sprung hat.
Nichts gegen Sicherheitsmaßnahmen. Das ist ein Anliegen der Fluggesellschaften, und wir sollten es alle sehr ernst nehmen. Aber wenn ich manchmal auf der Titelseite meiner Zeitung von der Verhaftung eines Terroristen lese, ist es mir immer ein Rätsel, wie dieser Typ überhaupt ins Flugzeug gekommen ist. Es handelt sich meist um einen finster aussehenden Menschen aus dem Nahen Osten mit irrem Blick. Er hat kein Gepäck und umklammert mit beiden Händen ein Sporttasche, in der offensichtlich eine Uzi-Maschinenpistole steckt. Trotzdem hat er seine ganze Ausrüstung mühelos durchgekriegt. Wofür haben die seine Uzi denn gehalten? Für ein Designerbügeleisen?
Dann wiederum muß ich an den kleinen älteren Herrn auf dem Flughafen in Iowa denken. Dieser Unglücksrabe hatte eine Stimme wie ein Zausel und trug Hosenträger zu einer Hose mit Gürtel, dazu ein kariertes Hemd und eine Schirmmütze mit dem Werbeschriftzug eines Gebißreinigers. Der nette Opa paßte nicht gerade in das typische Terroristenmuster. Aber als er durch die Sicherheitskontrolle ging, löste er Alarm aus. Er gab sein Kleingeld auf einem Tablett ab und ging wieder durch. Neuer Alarm. Man nahm ihm seine Autoschlüssel und die Hosenträger ab, weil da Metall dran war. Er wurde fünfmal durch die Sicherheitszone geschickt und Stück für Stück

seiner Kleidung beraubt. Schließlich wurde festgestellt, daß er versuchte, ein halbes Kaugummi in Alufolie an Bord zu schmuggeln.
Uns allen sind schon mal »Waffen« abgenommen worden. Mir sind »aus Sicherheitsgründen« Handarbeitsscheren abgenommen worden, die so stumpf waren, daß man nicht mal heiße Butter damit hätte streichen können. Ein Mann erzählte, man habe ihm sein Feuerzeug abgenommen, weil es ein potentiell explosives Gemisch von Chemikalien enthielt. »Der Schminkkoffer meiner Frau enthielt wahrscheinlich mehr ›Explosivpotential‹«, meinte er verbittert.
Aber das umwerfendste Beispiel, das mir in diesem Zusammenhang einfällt, ist mein kleiner Sohn, der sich aus Afrika als Souvenir einen Massai-Speer mitnehmen wollte. Zwei Sicherheitsbeamte kamen an Bord der Maschine, holten das verschreckte Kind raus und paßten auf, daß es den Speer mit dem restlichen Gepäck aufgab. Ich fragte mich, wann Großbritannien das letzte Mal mit Speeren angegriffen wurde.
Die Anweisung, den Gang nicht mit Gepäckstücken zu blockieren, sondern diese unter den Sitz zu schieben, ist auch ein Witz. Können Sie sich vorstellen, wie Sie je wieder an Ihre Tasche rankommen sollen, nachdem die Person vor Ihnen den Sitz nach hinten gestellt und Ihnen Ihr Klapptischchen mit dem Snacktablett in die Magengrube gebohrt hat?
Es wäre fahrlässig von mir, wenn ich nicht auf das größte Risiko beim Fliegen hinweisen würde – das Essen.
Es gibt einige Geheimnisse der Bordverpflegung, die ich Ihnen verraten möchte.
Mehr als sechs Dosen Cola Light können die Symptome eines Herzanfalls hervorrufen.
Vakuumverpackte Erdnüsse sind eigentlich Zeitbomben

und nicht dazu bestimmt, noch in diesem Jahrhundert geöffnet zu werden. Ob Sie Salat nehmen oder Steak oder das belegte Brötchen – Sie werden keinen Unterschied schmecken.
Je länger die Cocktailstunde, desto armseliger die Hauptgerichte.
Falls Sie auf den süßen klebrigen Kuchen, den es als Nachtisch gibt, nicht verzichten wollen, sollten Sie sich einen Platz in der Nähe der Toiletten geben lassen.
Ich möchte auf keinen Fall, daß hier der Eindruck entsteht, Fluggesellschaften hätten keinen Sinn für Ihre Probleme. Als Passagiere vor ein paar Jahren klagten, daß die Flugpläne eine Schande wären und Verspätungen die Regel und nicht die Ausnahme, reagierten die Fluggesellschaften sofort.
Sie fügten allen Ankunftszeiten dreißig Minuten hinzu.
Das hätte ich auch noch geschafft.
Ein Flug, der normalerweise fünfzig Minuten dauert, steht jetzt mit achtzig Minuten im Flugplan, so daß Sie bei seinem »pünktlichen« Eintreffen nicht sicher sein können, ob das die »Echtzeit« ist, die man für einen Flug über diese Entfernung braucht, oder die aufgepolsterte Zeit, die für die Bundesluftfahrtbehörde notiert wird.
Zur Verteidigung der Fluggesellschaften muß gesagt werden, daß es für die Verspätungen natürlich *immer* gute Gründe gibt:
»Ein Passagier wollte sich nicht hinsetzen, und es gab dreißig Minuten Verspätung beim Abflug.«
»Wir sind verspätet abgeflogen, weil wir auf Gepäck warteten, das noch zugeladen werden mußte.«
»Jemand hat eine Frachttür aufgelassen.«
»Wir hatten unterwegs eine Stewardeß verloren.«
Die Gesetze der Luftfahrt werden noch geschrieben. Vor kurzem holte man ein Ehepaar aus dem Flugzeug, weil sie

schlecht rochen. (Das könnte natürlich auch an dem Hauptgericht gelegen haben.) Bei einem anderen Zwischenfall wartete die Polizei mit Handschellen auf einen Passagier, der es gewagt hatte, im Flugzeug »die Musik zu stehlen«, indem er eigene Kopfhörer benutzte. Ich mag mir gar nicht vorstellen, was passieren würde, wenn einer mal dabei erwischt wird, wie er, ohne dafür zu bezahlen, bei dem Bordfilm von den Lippen der Schauspieler liest.

Manchmal sagen die Leute, daß Wilbur und Orville Wright sicher erstaunt wären über das Gedränge am Himmel, welches sie mit ihrer Erfindung 1903 in Gang gesetzt haben. Vielleicht aber auch nicht.

Ich kann mir Wilbur schon ganz gut vorstellen, wie er da oben in den Wolken sitzt und schadenfroh lächelt, wenn den nervösen Passagieren vor dem Start versichert wird, daß ihre Schwimmwesten sich aufblasen, wann immer es erforderlich ist. Und wenn wir uns gehorsam zur Sicherheitskontrolle aufstellen, während wir von fremden Händen abgeklopft werden und Spürhunde mißtrauisch unsere Pillenschachteln beschnüffeln, habe ich so ein dumpfes Gefühl, als sei auch Orville dort oben und schüttele seinen Kopf: »Ich kann einfach nicht glauben, daß die sich das gefallen lassen ...«

Fremdsprachen

Im September 1987 wurde ich aufgefordert, mich Seiner Heiligkeit Papst Johannes Paul II. vorzustellen, der eine päpstliche Messe im »Sun-Devil«-Stadion von Tempe in Arizona halten würde.
Diese Ehre war fast zuviel für mich. Aufgeregt überlegte ich, daß ich mir etwas Besonderes einfallen lassen mußte, und entschloß mich, den Heiligen Vater auf Polnisch zu begrüßen – seiner Muttersprache.
Ich kannte nur einen Menschen, der Polnisch sprach – eine Schneiderin, die für mich ab und zu Kleider änderte. Also bat ich sie: »Erklären Sie mir, wie ich den Papst auf Polnisch begrüße.«
Am Abend vor seiner Ankunft übte ich meine Rede vor einigen polnischen Priestern, die die Veranstaltung leiten sollten. Vor meinem großen Finale atmete ich tief durch und sagte dann: »Arizona wita ojca swietego Jana Pawla drugiego.«
»Wie kommen Sie darauf, daß der Papst sein Gepäck verloren hat?« fragte einer der Priester erstaunt.
Seitdem habe ich es aufgegeben, Fremdsprachen zu lernen.

Spanien

Manchmal verblüfft es mich selbst, wie energiegeladen ich bin.
Ich hatte den unterschriebenen Mietvertrag für die spanische Ferienvilla in meiner Handtasche. Ich hatte es mit strategischer Feinarbeit hingekriegt, daß sich acht Mitglieder unserer Familie auf dem Flughafen von Barcelona trafen. Die Mietwagen standen für uns bereit, um damit in den kleinen Ort Palafrugell zu fahren, wo uns richtiges Personal erwarten würde: Gärtner, Haushälterin und Köchin. Ich hatte wirklich an alles gedacht: Unser Traumurlaub an »Spaniens wilder Küste« konnte beginnen!
Als wir vor der Traumvilla eintrafen, kam uns das Personal entgegen wie in einer Szene aus einem englischen Roman. Die ältere der beiden Frauen lächelte breit und streckte ihre Hand zum Willkommensgruß aus. »Buenos dias, Señora.«
»Hi«, erwiderte ich herzlich und drückte ihre Hand.
»Espero que tinguis un bon viadge.«
»Genau. Also – wo sollen wir das Gepäck abstellen?«
»Si teniu alguna pregunda som aqui per a servirvos.«
»Sie sprechen doch Englisch, oder?«
»Voldrieu una copa de vi i una mica de formadge?«
»Die sprechen kein Englisch«, flüsterte mein Mann.
»Natürlich sprechen die Englisch«, sagte ich. Jetzt schlug ich den Ton an, den ich gewöhnlich im Gespräch mit Ausländern verwende. Ich stellte mich breit vor sie hin, hob die Stimme und sagte ganz laut und deutlich: »DO-YOU-SPEAK-ENGLISH?«
»Die sind nicht schwerhörig«, meinte mein Mann. »Das sind bloß Spanier.«

Jetzt hatte das Personal begonnen, untereinander zu reden. Ich mischte mich noch einmal ein. »Hablas Inglès, por favor?«
Alle drei schüttelten vehement den Kopf. »No, no, Señora. Hablamos Catalan.«
»Was bedeutet Catalan?« fragte ich meinen Mann.
»Eine Sprache, die in Spanien gesprochen wird. Verwandt mit Spanisch, aber nicht dasselbe.«
»Die verstehen kein Englisch«, verkündete ich meiner Sippe.
»Was ist mit dem Spanischkurs, den du mal besucht hast?«
»Ich kann mich nur noch an das Vaterunser erinnern.«
»Das wäre einen Versuch wert«, meinte mein Vater.
Ich konnte nicht begreifen, wie ich so etwas Wichtiges hatte übersehen können. In größeren Städten gibt es meistens jemand, der Englisch spricht. Aber hier auf dem Land gab es eben niemand.
Mein Mann nahm mich zur Seite. »Kannst du mir mal bitte erklären, wie wir die nächsten drei Wochen in einem Haus verbringen sollen, wo die einzige Art der Verständigung das Gebet ist?«
»Mir fallen schon noch ein paar Brocken Spanisch ein«, log ich. »Außerdem stehen sicher hinten im Reiseführer ein paar Sätze.«
An diesem Punkt muß ich hinzufügen, daß es mich sprachlos macht, welche Redewendungen die Autoren solcher Bücher für wichtig halten. Ein Beispiel: »Kann ich eine Kiste Apfelsinen haben?« Wie viele Leute laufen mit derartigem Vitaminmangel herum? Hier ist noch ein lebenswichtiger Satz: »Ich habe den Schlüssel zu meinem Tagebuch verloren.« In welchem Jahrhundert wurde das geschrieben? Ein Glossar, das ich benutzte, enthielt die Frage: »Wollen Sie mich bitte zu der Frivolität geleiten?«

Mit so einem Spruch kann man bei uns schnell in U-Haft landen.
Was man im Ausland wirklich braucht, ist ein Universalausdruck für die Frage: »Ist dieses Wasser trinkbar?«
Dennoch – ich wollte mir den Spanienurlaub nicht durch solche Lappalien verderben.
Wenn es mit dem sprachlichen Ausdrucksvermögen haperte, nahmen wir eben Hände und Füße zur Hilfe. Ich habe schon immer gesagt, wenn Gott gewollt hätte, daß wir eine Universalsprache sprechen, hätte er uns nicht zehn Finger gegeben. Als Maria, die Köchin, wissen wollte, wann wir die nächste Mahlzeit essen wollten, tat sie, als füttere sie sich selbst. Ich hielt acht Finger hoch, für acht Uhr abends. Wenn meiner Mutter das Essen geschmeckt hatte, klopfte sie sich auf den Bauch, streckte ihre Zunge ein paar Zentimeter heraus, leckte sich die Lippen und sagte: »Lecker, lecker.« Meine Mutter redet normalerweise anders.
Ab und zu fielen mir wirklich wieder ein paar Brocken Spanisch ein – meistens die, die ich nicht brauchen konnte. Alles war gut (bueno), weil ich das Wort für schlecht vergessen hatte. Wir mußten viel lächeln, verbeugten uns oft, nickten, und wenn die Sache wirklich frustrierend wurde, platzte ich heraus: »Mein Sohn kommt mit einem Wörterbuch nachgereist. Halten Sie durch. Übermorgen kommt er an, und die Dinge werden sich bessern.« Natürlich hatten die keine Ahnung, wovon ich redete.
Am allerersten Morgen in der Villa kam die Haushälterin, Marguerita, zu mir und ging mit mir in die Küche. Sie hängte mir einen sehr großen Einkaufskorb über den Arm und deutete zur Tür. Deutlicher kann man nicht werden. Ich sollte auf dem Markt Lebensmittel kaufen, und Maria würde sie zubereiten.

Ich versammelte die Frauen unserer Familie und gab jeder einen Auftrag. Eine sollte »Fleisch finden«, eine sollte in die Bäckerei, eine zu einem Fischladen und eine zu den Ständen mit Obst und Gemüse. Dann gab ich eine Universaldrohung aus, die besagte, daß keine es wagen sollte, mit leeren Händen zurückzukommen.

Es war kein Problem, auf die gewünschten Sachen zu zeigen. Was uns zu schaffen machte, waren nur die Rückfragen auf Katalanisch, wenn wir sagen sollten, wieviel wir brauchten. Die Kaufleute waren sehr verständnisvoll. Sie begriffen, daß wir überhaupt nichts begriffen, und häuften uns ihre Ware in die Körbe.

Nach ein paar anstrengenden Stunden auf dem Markt ließ ich mich in einem kleinen Straßencafé in einen Stuhl fallen, wo mein Mann mich erwartete, und winkte nach einem Kellner. »Una cabeza«, sagte ich deutlich. Der Kellner starrte mich entgeistert an. Ich wiederholte meinen Wunsch.

Dann drehte ich mich zu meinem Mann um: »Ist es noch zu früh, um ein Bier zu bestellen, oder was?«

»Du möchtest cerveza«, sagte er. »Du hast gerade einen Kopf bestellt.«

Ich schluckte. Es wurde Zeit, daß mein Sohn mit dem Wörterbuch ankam.

Vier Jahre hatte er an der Universität von Südkalifornien studiert, und nun fing es an, sich ein wenig zu lohnen. Er war in der Lage, unsere Rückflüge telefonisch bestätigen zu lassen, dem Personal zu sagen, was wir essen wollten, frische Handtücher zu bestellen und Auskunft über Sehenswürdigkeiten zu erhalten.

Es gab weder Fernsehen noch Radio im Haus, was keine Rolle spielte, weil wir sowieso nicht in der Lage gewesen wären, etwas zu verstehen. Also mußten wir unsere Phantasie bemühen, um unsere Abende zu gestalten. Es war

lange her, seit wir das getan hatten. Jemand hatte in weiser Voraussicht das Spiel »Trivial Pursuit« mitgebracht, und jeden Abend versammelten wir uns wie ein Rateteam in der Bibliothek. Ich hatte schon immer die Theorie, daß Familien, die Spiele spielen, sich gegenseitig auf die Nerven gehen. Meine Meinung hat sich nicht geändert.
Ich selbst bin für Spiele zu ungeduldig. Vor allem Denkspiele regen mich auf. Wenn ich auf etwas keine Antwort weiß, sage ich: »Ich weiß es nicht, und es kümmert mich nicht«, und ich gebe den Würfel weiter. Ich spiele Spiele und hoffe, daß sie bald vorbei sind. Andere Leute spielen Spiele und kosten jede Sekunde aus.
Mein Sohn war am schlimmsten. Jedesmal, wenn er eine Frage beantworten sollte, verlängerte sich die Spieldauer um zehn Minuten. Er behauptete, es gäbe keine Frage, die man nicht mit den Mitteln der Logik beantworten könne. Logik braucht Zeit. Viel Zeit.
»Also«, sagte meine Tante und zog eine Karte, »aus Wissenschaft und Natur: Wie viele Teile hat der Magen einer Kuh?«
»Das weißt du nicht«, sagte ich. »Gib den Würfel weiter.«
»Einen Augenblick«, meinte er. »Gib mir eine Chance.«
»Du hast keine Ahnung von Kühen«, beharrte ich.
»Das weißt du doch nicht«, verteidigte er sich.
»Ich weiß, daß du mit sieben Jahren an einem Namenswettbewerb für eine Kuh teilgenommen hast. Dein Vorschlag war: dicker Willie. Du hast überhaupt keine Ahnung von Kühen.«
Dann versenkte er sich in eine Art Hypnose und sagte: »Laß mal sehen – ein Wagen hat ein Fach für Handschuhe, ein U-Boot hat mindestens eine Trennwand, ein Schlafwagenabteil im Zug ist auch abgetrennt. Ich schätze, bei einer Kuh sind es vier.«

»Stimmt«, zwitscherte meine Tante. »Noch mal würfeln.«
Ich gebe zu, manchmal kann ich ein Spielverderber sein. Aber das war es nicht allein. Als die Abende vorangingen, begann uns das viele Aufeinanderhocken ein wenig zu nerven.
Eines Abends zog meine Mutter die Frage: »Welche Körperfunktion kann die halsbrecherische Geschwindigkeit von dreihundertzwanzig Kilometern in der Stunde erreichen?«
Ohne groß zu überlegen, antwortete sie: »Die Füße meines Mannes auf dem Weg zur Toilette, wenn ich mit Tüten voller Lebensmittel nach Hause komme.«
Mein Vater fand das nicht komisch. Er meinte, wenn sie so schlau sei, warum hätte sie dann keine Ahnung, wieviel Sterne es im Gürtel des Orion gebe. Bei Joan Collins' Gürtel hätte sie es gewußt.
Und ich war wütend auf meinen Mann, weil er die Antwort auf die Frage nicht wußte: »Wo hat die beliebte Schriftstellerin Erma Bombeck ihr Herz verloren?«
Alles in allem waren wir uns einig, daß wir mehr aus dem Haus mußten.
Der Vorteil beim Urlaub im Ferienhaus ist ja gerade der, daß jeder so ziemlich tun und lassen kann, was er möchte. Deswegen ist diese Art Urlaub so herrlich entspannend.
Unsere Söhne und ihr Freund fuhren jeden Morgen los, um die Costa Brava rauf und runter nach Oben-ohne-Badesträndern abzusuchen. Meine Eltern und die Tante spielten Karten, und mein Mann und ich kletterten über die Felsen zu unserem »Privatstrand« und blickten auf das blaue Mittelmeer. Mein Mann fischte ein wenig am Strand, und ich strickte. Als wir eines Tages zu unserem idyllischen Plätzchen kamen, hörten wir Stimmen. Es waren zwei vollkommen nackte Gestalten, die gerade zum

Wasser gingen. Volle fünf Minuten erstarrten wir zu Salzsäulen. Dann ließen wir uns nieder.
Vor uns ging die junge nackte Frau fröhlich ihres Weges. Einmal räusperte sich mein Mann, und ich dachte, er wolle etwas sagen, aber er schwieg.
Schließlich war die Nymphe im Wasser und schwamm zu einem nahegelegenen Felsen, wo sie sich faul ausstreckte, um etwas Sonne abzubekommen. Mein Mann drehte sich zu mir und sagte: »Hast du das gesehen! Die trägt keine Badeschuhe. Sie könnte sich an diesen Felsen die Füße aufschürfen.«
»Du bist wohl nicht ganz zurechnungsfähig, oder?« entgegnete ich angriffslustig. »Diese Schlampe macht sich an unserem Strand breit, und du achtest nur auf ihre zarten Füße!«
»Wieso ist sie eine Schlampe?« fragte er versonnen. »Sie sieht aus, als hätte sie ein nettes Wesen.«
»Die hat soviel Charakter wie ein Pudding.«
»Das kannst du doch gar nicht wissen«, warf er mir vor.
»Wer im Salzwasser sein Fußgelenkkettchen anläßt, ist nicht besonders helle.«
»Na, sie kommt aber offensichtlich aus einer guten Familie.«
»Wie im Himmel kommst du denn auf so was?«
»Ihre Haltung. Sie ist wahrhaft königlich.«
»Männer sind einfach zu dumm! Du wünschst dir also, daß dein Sohn ein Mädchen mit einer tätowierten Ente auf dem Hintern heiratet.«
»Das war keine Ente. Vermutlich eine Art Familienwappen.«
»Na klar. Und Prinz Charles hat zwei Löwen auf den Bizeps tätowiert. Wieso machst du so ein Theater wegen diesem Weibsstück, das hier splitternackt durch die Gegend läuft?«

»Und weshalb bist du so gehässig und voller Vorurteile gegen eine Frau, die du noch nie angezogen gesehen hast? Ich sähe es gern, wenn sie ein Mitglied unserer Familie wird.«

»Wenn die einen Fuß über unsere Schwelle setzt, bin ich weg!« schrie ich und rammte mein Strickzeug in die Tasche.

»Ist das ein Ultimatum?«

»Darauf kannst du Gift nehmen.«

Genau in diesem Moment machte die andere Figur, ein nackter Mann, der nichts als einen Ehering am Leib trug, einen Sprung ins Wasser und gesellte sich zu unserer Badenixe.

»Der Typ ist ja vielleicht schmierig«, bemerkte mein Mann.

»Komisch«, sagte ich, »mir kommt er vor wie jemand, der bestimmt sehr nett zu seiner Mutter ist.« Dann sagte keiner von uns mehr etwas.

Die Eiseskälte zwischen uns hielt bis zum Abendessen an. Als Marguerita uns die Suppe brachte, tippte ich ihr auf den Arm und machte eine Pantomime, wie jemand, der alle seine Kleider auszieht, deutete zum Strand und machte Schwimmbewegungen.

»Sie versteht dich nicht«, sagte meine Tante.

»Gibt es das Wort ›Flittchen‹ auch in Ihrer Sprache?« schrie ich.

Marguerita sah verwirrt aus, lächelte dann und ging in die Küche. Als sie zurückkam, zeigte sie ein Bild von dem Mann und der Frau, die wir am Strand ausgezogen gesehen hatten. Sie deutete auf die Frau und drückte dann ihre Arme an sich, als wiege sie ein Baby.

»Sie will dir erklären, daß die Leute, die wir am Strand gesehen haben, ihre Tochter und ihr Schwiegersohn waren«, sagte mein Mann.

Ich drehte mich zu meinem Sohn um und lächelte. »Gib mir ein nettes Substantiv und ein Verb – schnell!«
Langsam neigte sich unser Urlaub dem Ende zu. Nach fast drei Wochen schien es uns wie ein Wunder, daß wir überlebt hatten. Allein durch Gebärdensprache hatten wir es auf einem Tagesausflug geschafft, ins französische Perpignan zu gelangen. Wir hatten Stierkämpfe in Barcelona gesehen, und jeden zweiten Tag freuten wir uns tatsächlich auf den Gang zum Markt, wo immer viel los war.
Als uns an unserem vorletzten Abend der Eigentümer unserer Ferienvilla angekündigt wurde, ein Engländer, waren wir zugegebenermaßen alle recht gespannt darauf, wieder einmal Englisch zu sprechen.
Er lud uns zu einem Drink ein, und seine ersten Worte waren:
»Well, ahsposeyuvad a raaathaventrous time at the villa?«
Wir beugten uns alle angestrengt vor, weil wir etwas überhört zu haben meinten.
»Wie bitte?«
»I say ... iopeather ... you mericansadnuf of ah jolly whatimeto retn.«
Mein Gott, er sprach wie eine Shakespeare-Kassette aus der Stadtbücherei, die zu schnell lief. Keiner von uns hatte einen Schimmer, was er gesagt hatte.
Ich stellte mich gut sichtbar vor ihn und sprach sehr laut und deutlich: »WIE LANGE HABEN SIE DIE VILLA SCHON?« Während er auf seine unverständliche Art antwortete, nickten und lächelten wir alle hin und wieder.
Meine Mutter schnappte sich schließlich eine spanische Vorspeise, klopfte sich auf den Bauch und sagte: »Lecker, lecker.«

Die sechs schlimmsten Streits im Urlaub

Ein guter, ordnungsgemäß ausgeführter Streit erfordert Zeit und die volle Aufmerksamkeit zweier Menschen. Zu Hause leidet ein Streit durch zu viele Unterbrechungen und Störungen. Das Telefon klingelt. Jemand muß dringend ins Büro. Kinder müssen gefüttert werden. Manchmal wird einer den anderen unterbrechen: »Bist du fertig? In fünf Minuten fängt ›Dallas‹ an.« Man ist einfach zu beschäftigt.

Im Urlaub jedoch gibt es keine Grenzen dafür, wie weit man einen Streit treiben kann. Die meisten Paare haben seit ihren Flitterwochen nicht mehr soviel Zeit zusammen verbracht. Die Höflichkeit ist mit der Zeit verlorengegangen. Einige unserer besten Streitgespräche fanden auf fremdem Boden statt.

THEMA: »Warum kannst du nicht zugeben, daß wir uns verlaufen haben?«
ORT: Kopenhagen, Dänemark.
STREITLÄNGE: 36 Stunden
HÖHEPUNKTE:
»Meine Güte, so blöd kann auch nur ein Mann sein! Meinst du, dir fallen die Haare auf der Brust aus, wenn du mal nach dem Weg fragst?«
»Ja, ich habe immer aufgeschrieben, was du mir an jeder Ecke gesagt hast. Woher soll ich wissen, daß das bloß das dänische Wort für Straße war?«
»Was soll das heißen – kommt dir was bekannt vor? Ich bin hier gerade erst angekommen. Ich mache keinen Schritt weiter, bis du sicher weißt, wo wir sind.«
»Ich will dich ja nicht in Panik versetzen, aber unsere Ma-

schine geht in vier Tagen. Wir sind vollkommen verkehrt. Du hast mir auch nicht geglaubt, als ich dir erzählte, in der Küche im Feuermelder müßten die Batterien erneuert werden.«

»Das ist Vererbung. Deine Mutter hätte man bloß einmal um sich selbst drehen müssen, und sie hätte nicht mal aus einer Telefonzelle rausgefunden. Ich mag deine Mutter. Ich mag deine ganze Familie. Man sollte euch nur die ganze Zeit überwachen, damit ihr nicht verlorengeht!«

THEMA: »Hier machen nur Vollidioten Dauerlauf!«
ORT: Afrikanischer Busch in Kenia.
STREITLÄNGE: Drei Tage.
HÖHEPUNKTE:
»Bist du mit mir nach Afrika gefahren, um mich hier zur Witwe zu machen? Wenn das so ist, kassiere ich die Versicherungssumme nämlich schon jetzt, lasse mich am ganzen Körper liften und reise direkt an die französische Riviera.«
»Wenn du nicht in zwei Tagen zurück bist, lassen wir dich hier. Das ist mein letztes Wort. Niemand wird dir nachtrauern, weil du dumm warst. Wir werden deinen Astralkörper ausstopfen lassen und ins Museum stellen – zur Abschreckung für alle, die zu ehrgeizig Sport treiben.«
»Da draußen ist es gefährlich. Kapierst du das nicht? Jemand, der für einen Kilometer zwanzig Minuten braucht, kann nicht vor einem Leoparden weglaufen.«
»Liebling, ich sage das doch nur, weil ich dich liebe und mich um dich sorge. Ich kann mir nicht vorstellen, was ich ohne dich tun würde.«
»Also gut, mach, was du willst. Wenn du dir das Bein brichst ... dann komm bloß nicht zu mir gelaufen!«

THEMA: »Ich bin fertig zum Weggehen, und du mußt auf die Toilette. Kannst du das nicht einmal vorher erledigen?«
ORT: Europa, Asien, Naher Osten, Südamerika, Südpazifik, Ferner Osten, Karibik, Mittelmeer, Mexiko, Australien und jeder Ort, den wir je besucht haben.
STREITLÄNGE: Zeit, die es braucht, um zur Toilette zu gehen.
HÖHEPUNKTE:
»Also du scheinst ja eine Blase im Erbsenformat zu haben.«
»Ich könnte auch gehen, wenn ich lang genug daran denke, aber ich will nicht zu spät kommen.«
»Glaubst du, das ist hier das einzige Klo weit und breit? Die gibt's überall, weißt du.«
»Das ist bloß eine blöde Gewohnheit. Du siehst mich zur Tür gehen, und dein Verstand richtet sich sofort auf deine Körperfunktionen. Du bist so programmiert – du siehst eine geöffnete Tür und läufst aufs Klo.«
»Ich weiß, was du da drinnen so lange machst. Du schlägst die Zeit tot. Du mußt den Deckel runterklappen, die Handtücher neu falten, die Seife abtrocknen, die Dichtungsringe überprüfen, deine Toilettenartikel in alphabetischer Reihenfolge aufstellen und deine Zähne nachsehen.«

THEMA: »Was soll das heißen, wir brauchen keinen Teppich?«
ORT: Athen, Griechenland.
STREITLÄNGE: Geht bis heute weiter.
HÖHEPUNKTE:
»Ich habe Halsschmerzen, und die brauche ich auch nicht. Ich will ja nicht das Land aufkaufen.«
»Mir würde im Traum nicht einfallen, dich zu bitten, das

für mich zu tragen. Gib mir bloß mein Flugticket, und ich setze mich damit nach draußen auf die Tragfläche, damit du dich nicht zu schämen brauchst.«

»*Du* bist doch der, der sich in Hongkong einen Vuittonkoffer für sechsunddreißig Dollar hat andrehen lassen, auf dem Vuitton noch nicht mal richtig buchstabiert war. Erzähl du mir nicht, wie man richtig einkauft.«

»Ich gebe dafür mein eigenes Geld aus, lege ihn in den Flur und stelle eine Kasse auf. Wenn du drübergehen willst, kannst du entweder jedesmal Münzen reinwerfen oder eine Sammelkarte kaufen.«

»Wieso ich so sicher bin, daß das passen wird? Wieso weiß ich, daß auf Dienstag Mittwoch folgt? Das weiß ich eben, so ist das: Wenn ich's nicht weiß, wer dann?«

»Ja, ich habe es gehört! So was würde ich nie im Leben für weniger Geld bei Woolworth kriegen.«

THEMA: »Ich werde nicht mit Sauerstoffgerät tauchen.«
ORT: St. Thomas, Karibik.
STREITLÄNGE: Zwölf Stunden.
HÖHEPUNKTE:
»Ich würde gerne einer dieser mutigen Menschen sein, die vor gar nichts Angst haben, aber das bin ich nun mal nicht, und basta!«

»Wenn Gott gewollt hätte, daß ich auf dem Meeresboden herumkrabbele, hätte er mir Anker statt Füße geschenkt.«

»Wieso habe ich immer unrecht, wenn ich nicht tun will, wozu du Lust hast? Du gibst mir gern das Gefühl, unterlegen zu sein, nicht wahr?«

»Jedes Mal, wenn ich in einer Jacques-Cousteau-Sendung einen Taucher gesehen habe, stand ihm die Angst ins Gesicht geschrieben. Der Fall ist erledigt!«

»Als ich zu dieser Reise aufbrach, habe ich mich gefragt: ›Wie kann ich ihm den Urlaub vermiesen?‹ Und ich habe mir selbst geantwortet: ›Weigere dich einfach, mit ihm tauchen zu gehen. Das wird ihn verrückt machen.‹ Willst du die Wahrheit wissen? Ich habe das seit Wochen geplant! Und jetzt ist Schluß!«

THEMA: »Ich habe nie gesagt, ich würde dich an der Uhr treffen.«
ORT: Schanghai, China.
STREITLÄNGE: Zwanzig Minuten bei voller Lautstärke; zwei Stunden stilles Grollen.
HÖHEPUNKTE:
»Du hast mich mißverstanden, Liebling. Ich gehe *immer* zum Bus zurück, und das weißt du auch.«
»Es gibt keinen Grund, so zu schreien. Jeder im Bus kann jedes Wort verstehen.«
»Wieso bist du so empfindlich? Die Leute haben applaudiert, als du eingestiegen bist, weil du den Bus dreißig Minuten hast warten lassen. Meine Güte! Kannst du keinen Spaß mehr vertragen?«
»Wie kann ich denn gesagt haben, ich würde dich an der Uhr treffen, wenn ich gar nicht weiß, wo die Uhr ist?«
»Es tut mir leid, daß du deine ganze Zeit zum Einkaufen mit der Suche nach mir verschwendet hast. Sobald wir zu Hause sind, werde ich im Vatikan ein Gesuch einreichen, damit du heiliggesprochen wirst. Und jetzt sei bitte ruhig.«
»Ach nein! Ich habe mich schon gefragt, wann du endlich den griechischen Teppich ins Spiel bringen würdest.«

Im Taxi nach Hause

Ich kann mich nicht erinnern, welche Fluggesellschaft es ist, aber kurz bevor die Maschine am Flugsteig zum Stillstand gekommen ist, meldet sich der Kapitän über Lautsprecher und verkündet: »Sie haben soeben den sichersten Teil Ihrer Reise hinter sich gebracht!«
Wenn ich die Reihe der Taxis sehe, die am Bordstein auf die ankommenden Passagiere warten, kann ich nur mit dem Kopf nicken und murmeln: »Ist das nicht die Wahrheit?«
Die Vertrauensseligkeit, mit der wir zu einem völlig Fremden in einen Wagen steigen und annehmen, er würde uns jetzt dahin bringen, wo wir hin müssen, ist fast schon rührend.
Ich hatte mal einen Fahrer, der sich auf der Autobahn nach San Diego mit ein paar anderen Verrückten bei heruntergekurbelten Fenstern ein lautstarkes Duell lieferte. Ich erwartete, jeden Moment in den Lauf einer Kanone zu blicken.
Ein anderes Mal lehnte sich der Fahrer meines Taxis tatsächlich aus dem Fenster seines Wagens und reichte dem Chauffeur eines Luxuswagens einen Straßenplan, damit der ihm einen Kreis um mein Hotel zeichnete. Dabei fuhren wir ungefähr hundert Stundenkilometer.
Aber der Abend, an dem ich allein in New York ankam, war der absolute Höhepunkt in meiner Karriere als Taxifahreropfer. Ein Kerl sah, wie ich mein Gepäck vom Band nahm, riß es mir aus den Händen und befahl: »Ich habe einen Wagen, folgen Sie mir!«
Erma, das Dummerchen, folgte ihm brav zu dem Parkplatz, wo er mein Gepäck in seinen Kofferraum schmiß

und sagte: »Steigen Sie ein. Ich besorge noch ein paar andere Fahrgäste.«
»Halt mal!« rief ich. »Das ist kein richtiges Taxi. Ich will ein richtiges Taxi mit einem richtigen Fahrer. Geben Sie mir mein Gepäck wieder.«
Er zuckte mit den Achseln und tat mir den Gefallen.
Am Taxistand stieg ein netter junger Mann aus seinem Taxi, hielt mir die Tür auf und fragte: »Müssen Sie nach Manhattan? Na, dann geben Sie mir Ihre Tasche.« Das war schon besser.
Ich unterhalte mich immer gern mit Taxifahrern. Auf diese Weise kriege ich nicht nur mit, was die Leute so denken, sie erfahren auch, daß ich eine treusorgende Mutter bin, und werden es sich zweimal überlegen, bevor sie leichtsinnig losrasen.
Dieser hier war ein wunderbarer Fahrer.
»Was haben Sie denn getan, bevor Sie Taxifahrer wurden?« fragte ich.
»Ich habe im Priesterseminar studiert.« Ich sah seine großen braunen frommen Augen im Rückspiegel.
Ich habe wohl zum Himmel geblickt und stumm die Lippen bewegt: »Gott, ich danke dir.«
»Wieso haben Sie aufgehört?« fragte ich.
»Es wurde mir nahegelegt, als ich immer öfter diese Stimmen hörte.«
»Sie haben Stimmen gehört?«
»Das sollte ich Ihnen nicht erzählen«, sagte er. »Sie hören mir zu und sind dann hinter mir her.«
»Ich habe Verständnis dafür, wenn Sie nicht darüber reden wollen«, wehrte ich erschrocken ab.
»Eines Abends«, fuhr er sehr erregt fort, »genau hier auf diesem Sitz... nahm einer von ihnen Gestalt an. Ich dachte, ich könne es nicht aushalten. Mein Kopf schmerzte. Ich mußte den Wagen anhalten und aussteigen...«

»Sie brauchen mir das nicht zu erzählen.«
»Sie wollten mich nicht zurück in den Wagen lassen. Verstehen Sie?«
»Ja ... ja, natürlich.«
Er schwieg, fixierte mich aber weiter im Rückspiegel.
Um die unbehagliche Stille zu brechen, meinte ich schließlich: »Was halten Sie denn von Shirley MacLaines Buch über übersinnliche Erfahrungen?«
»Sie ist eine Schwindlerin«, sagte er scharf.
»Das Gefühl hatte ich auch«, stimmte ich zu und nickte heftig, weil ich Meinungsverschiedenheiten vermeiden wollte.
Ich saß mit einem Verrückten im Wagen, der als Taxifahrer eingetragen war und offensichtlich nicht mehr alle Tassen im Schrank hatte.
Ich bin schon mit promovierten Fahrern unterwegs gewesen, die im Handschuhfach ihre Stellenbewerbung parat hatten, mit ausgemergelten Drogenabhängigen und mit einem Fahrer in Kalifornien, dem ich helfen sollte, eine Geschichte über den Abend zu verkaufen, als er Jack Nicholson und Warren Beatty im Wagen hatte. Das war vielleicht ein Herzchen!
In Istanbul waren wir mit einem Großwildjäger unterwegs, der vor jedem Zebrastreifen beschleunigte, um zu sehen, ob er die flüchtenden Fußgänger noch erwischen konnte.
Doch Todesfahrer und Irre nehme ich ja noch in Kauf, solange sie der englischen Sprache mächtig sind. Aber versuchen Sie mal in Amerika einen Taxifahrer zu finden, der Englisch spricht. Wenn ich in ein Taxi steige, sitzt am Steuer mit Sicherheit Boris Szorgyloklow, der vor zwei Wochen aus Odessa in der Ukraine eingewandert ist.
Bei dem Wort »hello« gerät Boris völlig außer sich. Man fragt sich, wie dieser Mann nach Amerika gelangen

konnte und sich am Steuer eines japanischen Wagens wiederfand.

Man kann nur annehmen, daß Boris in unser Land kam und direkt zu einer Arbeitsvermittlung ging, wo ein Sozialwissenschaftler einen Test mit ihm durchführte. Zum Schluß sagte der Sozialwissenschaftler: »Sie sprechen kein Wort Englisch, Sie haben in Ihrem ganzen Leben noch kein Auto gefahren, Sie kommen vom Land. Da kommt für Sie nur ein Job in Frage: Taxifahren in New York.«

An einem Nachmittag in Los Angeles stieg ich in ein Taxi mit einem arabischen Fahrer, der immerhin vier Wörter Englisch konnte: »Ich bin nicht reich.« Als er mir für eine Fahrt von acht Minuten zwanzig Dollar abknöpfte, brachte ich ihm sechs neue Wörter bei: »Aber es dauert nicht mehr lange.«

Nach unserer Erfahrung mit dem Mietwagen in Italien überlegten mein Mann und ich, uns für den nächsten Urlaub einen Wagen mit Chauffeur zu nehmen. Das hatten schon viele unserer Freunde gemacht. Unsere Nachbarn Bob und Judy schwärmten immer davon, wie wunderbar es gewesen sei, das eigene Tempo bestimmen zu können, nur das zu besichtigen, was man sehen will, in seiner Planung nicht festgelegt zu sein und das Fahren jemand anderem zu überlassen. Sie sagten, es sei so einfach zu arrangieren. Man könne alles vorher durch das Reisebüro buchen, und am Flughafen würden dann Wagen und Chauffeur auf einen warten.

Die schweren Beruhigungsmittel haben sie mit keinem Wort erwähnt.

Indonesien

Jedes Land auf der Welt sorgt sich über die Bedrohung durch aggressive Nachbarstaaten. Solche Sorgen sind im Grunde überflüssig. Die Russen erledigen sich, indem sie zuviel Wodka trinken. Die Japaner werden sich zu Tode rauchen, die Finnen werden sich umbringen, weil sie ihre Arterien mit lauter tierischen Fetten verstopfen, und die gesamte Bevölkerung von Indonesien wird dem Verkehr zum Opfer fallen.

Mein Mann und ich wollten nach Indonesien fahren und waren zur Abwechslung mal beide begeistert. Gewöhnlich waren wir uns nie einig darüber, wohin wir fahren und was wir dort machen sollten, aber in diesem Land gab es alles: weiße Sandstrände, den Wildpark »Ujung Kulon«, die Vulkaninsel Krakatau – deren Ausbruch 1883 die größte Explosion war, die die Geschichte verzeichnet –, und eine der einzigartigsten Kulturen der Welt. Obwohl mehrheitlich islamisch, weist das ganze Land eine Mischung von Islam, Hinduismus, Buddhismus, Christentum und Animismus auf.

Sobald Sie die Autofahrer in Indonesien sehen, verstehen Sie, warum die Religion für sie so eine große Rolle spielt. Nach einem Tag als Beifahrer in einem indonesischen Auto hätte ich selbst die Vorhänge im Hotel angebetet, falls mich das vor körperlicher Gefahr bewahrt hätte.

Das erste, was uns in Jakarta auffiel, war das Fehlen von Hunden und Katzen. Ich brauchte nicht lange, um herauszufinden, daß sie vermutlich einst in großer Zahl in diesem Teil der Welt vorgekommen waren, aber nach und nach bei dem Versuch, die Straße zu überqueren, von Mercedes und Volvos zur Strecke gebracht worden waren. So starben sie aus. Als nächstes waren die Menschen dran.

Wir trafen unseren Führer vor unserem Hotel. Draußen machte er uns mit dem Fahrer bekannt. Das war sehr ungewöhnlich, da meist ein Mann sowohl als Fahrer als auch als Führer arbeitet.

Der Fahrer war jung und feingliedrig und sprach wenig. Er zeigte keine Gefühlsregung, nur von Zeit zu Zeit eine Art nervösen Tick. Dann zwinkerte sein rechtes Auge, sein Kopf zuckte, und er streckte seinen Hals, als säße sein Schlips zu eng.

»Wir besichtigen jetzt zuerst den Palast des Sultans«, erklärte der Führer und lächelte. Der Wagen schoß aus der Ausfahrt wie eine Rakete.

Ich möchte hier einmal darauf hinweisen, daß ich kein nervöser Beifahrer bin. Ich habe drei jugendliche Raser überlebt, einen, der um siebzehn Uhr im Berufsverkehr Computerspiele spielte, eine, die ein komplettes Make-up auflegte und ihre Hausaufgaben erledigte, während sie durch eine Baustelle fuhr, und eine weitere, die einen Strafzettel bekam, weil sie mit siebzig Stundenkilometern im Rückwärtsgang fuhr. Aber was ich hier erlebte, übertraf alles.

Die meisten Landstraßen in Indonesien haben zwei Fahrspuren. Und jeder überholt. Jeder! Fragen Sie mich nicht, wie die das anstellen.

Es gibt hier grundsätzlich sieben Arten der Fortbewegung. Die langsamste und niedrigste in der Hackordnung heißt Pferd und Wagen. Als nächstes kommt das Pedicab. Das ist ein kleiner Einspänner auf zwei Rädern, der von einem Mann durch den Verkehr gezogen wird. Dann kommt eine Art Dreirad mit Hilfsmotor, gefolgt von Motorrollern, Mietwagen (und Taxis), Lkws und schließlich Bussen.

Auf der Straße wirkt sich die Hackordnung folgendermaßen aus: Ihr Wagen überholt einen anderen Wagen mit achtzig bis hundert Kilometer pro Stunde. Falls Ihnen jetzt auf der Überholspur ein Motorroller entgegenkommt, steht er nach der Hackordnung unter Ihnen. Er hat zu verschwinden. Fragen Sie mich nicht, wohin. Er löst sich irgendwie in Luft auf. Kommt Ihnen andererseits ein Lkw oder Bus entgegen, muß Ihr Wagen dem Gegenverkehr die Vorfahrt lassen.

Es ist das alte Kinderspiel ›Wer zuckt zuerst mit der Wimper‹, das hier zur Perfektion gebracht worden ist. Während unser Leben am seidenen Faden hing, versuchte uns unser Führer auf Tempel und Sehenswürdigkeiten hinzuweisen. Ich hatte nur Augen für den Fahrer.

Ab und zu vollführte er ein kleines bizarres Ritual. Als wir an einer Ampel hielten, beugte er seinen Kopf zur Seite bis auf die Schulter und gab dann mit beiden Händen seinem Kopf einen Ruck, der einem normalen Menschen glatt das Genick gebrochen hätte.

»Warum hat er das getan?« fragte ich unseren Führer.

»Das lindert die Anspannung«, erklärte er. »Eigentlich ist er ein sehr guter Fahrer. Aber Sie sind hier, um Ferien zu machen. Lehnen Sie sich einfach zurück und genießen Sie.«

Man hätte mir zehn Valiumtabletten geben müssen, bevor ich mich hätte entspannen können.

Ich würde Ihnen jetzt gern erzählen, daß ich trotz der Raserei und dem geisteskranken Überholen nie einen Unfall gesehen habe. Leider kann ich das nicht. Es war vielmehr so, als steckten wir mitten in einem Karambolagerennen. Ich habe Frauen gesehen, die beim Fahrradfahren auf ihrem Kopf Körbe mit Obst balancierten, nur um zu erleben, wie alles in den Straßengraben fiel und Obstsalat wurde.

Ich habe einen Krankenwagen gesehen, der einem Lkw die Vorfahrt – Sie haben es erraten – ließ, und im Stadtgebiet war es nicht ungewöhnlich, Menschen am Straßenrand sitzen zu sehen, die sich den bandagierten Kopf hielten, während ihre Autos abgeschleppt wurden. Aber bei all dem habe ich nie Zorn, obszöne Gesten oder verzweifelte Gesichter gesehen. Ich habe nie Geschrei oder irgendwelche Äußerungen gehört ... nur stille Resignation ohne jede Gefühlsregung.

Beim Abendessen an unserem ersten Abend lächelte mir unser Führer zu und beschwor mich wie schon so oft an diesem Tag:»Fräulein, Sie müssen sich entspannen. Sie Urlaub! Wollen Sie gerne sehen indonesische Tänzer im Ramajana-Ballett im Theater?«

Er hatte recht. Ich hatte in den Bodenbelag des Wagens ein Loch gescheuert, weil ich den ganzen Tag über mit dem Fuß auf imaginäre Bremsen getreten war.»Ich werde ins Hotel zurückgehen und mir etwas Passendes anziehen«, sagte ich.

Ich reise mit einer begrenzten Garderobe, aber ich habe immer ein Kleid für besondere Anlässe dabei. Dieses hier war ganz weiß mit einem Goldgürtel, dazu Sandalen. Wir hätten Verdacht schöpfen müssen, daß nicht vom Bolschoi die Rede war, als unser Fahrer wie ein Irrer dunkle Seitenstraßen entlangsauste und einen Meter vor dem »Theater« auf einem Schotterweg Halt machte. Genaugenommen war das Theater ein Zelt. Durch die Leinwand leuchteten nackte Glühbirnen. Wir kauften unsere Karten und gingen hinein. Ich war nicht nur zu gut angezogen, der Vorverkauf war auch zu schlecht gelaufen. Um die kleine Bühne müssen ungefähr siebenhundert Klappstühle verteilt gewesen sein. Außer uns waren noch fünf andere Leute da. Ich glaube, es waren deutsche Touristen.

Um sieben Uhr setzte die Musik ein, und die graziösen Tänzerinnen und Tänzer schwebten auf die Bühne. Unser Führer lehnte sich zu uns herüber, um zu erklären, was auf der Bühne vor sich ging. »Ein junger Mann namens Jaka Tarub geht eines Tages auf Vogeljagd und sieht eine liebliche Nymphe vom Himmel heruntersteigen, um im Waldsee zu baden«, flüsterte er. »Er verbirgt sich, sieht aber der Nymphe zu und verliebt sich in sie. Jaka Tarub stiehlt ihr die Kleider. Er kehrt zu seinem Versteck zurück und erzeugt eine Störung, damit Nawangwulan erschrickt, aber sie kann ihre Kleider nicht wiederfinden und so nicht in den Himmel zurückkehren. Sie fühlt sich traurig und einsam...«
Ich hörte wie betäubt zu. Mein Kopf fühlte sich an wie ein mit Wasser gefüllter Ballon.
Um halb neun redete unser Führer immer noch auf uns ein. »Als Dasamuka ihn angreift und zum Kampf zwingt, verwandelt sich Kala Marica in einen goldenen Hirsch, um Rama und Lesmana von Sinta wegzulocken, so daß Dasamuka Sinta entführen kann. Dann reizt der goldene Hirsch...«
Von Zeit zu Zeit sackte mir der Kopf auf die Brust, und ich riß ihn wieder hoch, um seine Stimme monoton weiterrezitieren zu hören: »Umgekehrt gibt Sinta ihre Haarnadel an Senggana, der sie Ram übergeben soll...«
Ich befeuchtete meine Finger mit Speichel und rieb mir die Augen. Meinem Mann hing der Kopf zwischen den Beinen. Seine Ellenbogen berührten den Boden. Er war offensichtlich ins Koma gefallen. Mitleidheischend sah ich mich nach den anderen fünf Zuschauern um. Sie waren alle gegangen.
Ich hatte blaue Flecken am Arm, wo ich mich gezwickt hatte, um durch den Schmerz das Bewußtsein wiederzuerlangen. »Dann befiehlt der Affe beiden Damen zu ge-

hen, und er beginnt den Garten zu zerstören«, leierte der Führer. »Er reißt sich los und setzt Alengka in Brand, kehrt dann nach Pancawait zurück, um ...«
Es war nach dreiundzwanzig Uhr, als wir erschöpft in den Wagen sanken, der uns in unser Hotel brachte. Ich schlief den ganzen Weg über. Vielleicht war das die Lösung, wie man in Indonesien als Beifahrer am Leben blieb. Auf jeden Fall war ich jetzt nicht mehr nervös.
Am nächsten Tag brachen wir zu einer Kreuzfahrt zu den Spice Islands, den Gewürzinseln, auf. Mein Mann wollte den Berg aus Vulkanasche besteigen und in die qualmenden Reste von Krakatau hinabsehen. Zudem war es angenehm, dem Autofahren zu entkommen und sich keine Sorgen über die Riten beim Überholen machen zu müssen.
Als wir fünf Tage später zurückkehrten, bot unser Kapitän an, er wolle mehrere von uns gern am Hotel absetzen. Ich lehnte mich wohlig in die Kissen seines Wagens zurück, als wäre ich rundum sorglos versichert.
Doch dieses Gefühl sollte nicht lange anhalten. Wir jagten durch den Verkehr, als nähmen wir am Rennen von Indianapolis teil. Plötzlich hielten wir mit quietschenden Bremsen vor einer roten Ampel. Dann gab es hinten einen Aufprall, und ich flog einen Sitz weiter. Ich konnte mich noch umdrehen und sah hinter uns einen Kleinbus. Einer der Fahrgäste war gegen die Windschutzscheibe geprallt. In der Ferne heulte die Sirene eines Krankenwagens. Der Kapitän stieg aus, kam nach einigen Minuten zurück und versicherte uns, daß nichts Schlimmes passiert sei.
Ich senkte den Kopf und sprach stumm ein Dankgebet zur Schutzheiligen der indonesischen Beifahrer: Unsere Liebe Frau vom Valium.

Dia-Abende

Niemand möchte Ihre Dias sehen.
Begreifen Sie das doch endlich!
Nicht Ihre Eltern, die Ihnen das Leben schenkten. Nicht Ihre Kinder, die von Ihnen abhängig sind und sich nicht zu erwehren wissen. Nicht Ihr Pfarrer, Priester oder Rabbi, die dafür bezahlt werden, freundlich und nachsichtig zu sein. Nicht mal jemand, dem Sie im Krieg das Leben gerettet haben und der Ihnen wirklich was schuldig ist.
Jeder Amateurfotograf der von einem Urlaub zurückkehrt, träumt davon, seine Bilder zu ordnen und sie vielleicht in einer Schulaula einen Abend gegen ein geringes Eintrittsgeld vorzuführen. Einige denken sogar daran, das Foto, auf dem ihr Hund versucht, in das Wasser zu beißen, das aus dem Gartenschlauch spritzt, bei einem Fotowettbewerb einzuschicken. Und ganz Unverfrorene scheuen nicht davor zurück, sich in der Stadtbücherei die Anschriften von Redaktionen wie »Geo« und »Merian« herauszusuchen.
Die meisten Dias enden im Schrank in Schuhschachteln neben der Bowlingkugel. Sie werden zum Sibirien der vergangenen Ferien. Natürlich gibt es einige Gelegenheiten, bei denen man Dias sinnvoll und zum Wohl der Menschheit einsetzen kann.
1. Bringen Sie 700 Ihrer Dias in ein Kriegsgebiet, und in wenigen Minuten werden die Kampfhandlungen eingestellt, und alle wollen weg. Die meisten Länder haben Dias als unmenschlich geächtet, aber sie sind für Konflikte zugelassen, in denen keine friedliche Lösung möglich erscheint.

2. Dias sind wirkungsvoll in abgeschiedenen Gebieten, wo Betäubungsmittel fehlen und Operationen manchmal auf dem Küchentisch ausgeführt werden müssen. Es hat Fälle gegeben, wo der Patient nur ein Klicken und eine Stimme zu hören braucht, die erzählt, daß man dieses nette Pärchen zufällig in einem Restaurant kennengelernt habe, und er ist sofort weg.
3. Die Polizei beginnt gerade erst, sich über die Vorzüge eines Magazins voller Dias klarzuwerden, um damit Kriminelle zu Geständnissen zu bewegen. Das Problem dabei: die Burschen gestehen mehr als nötig. Ein Mann behauptete, er habe den Waldbrand gelegt, in dem das kleine Bambi fast umgekommen wäre.
4. Schlaflabors im ganzen Land sind der Meinung, daß Dias bei Schlaflosigkeit helfen könnten. Seit Generationen haben Wissenschaftler verzweifelt ein wirkungsvolles Schlafmittel gegen Schlaflosigkeit gesucht, das nicht süchtig macht. Dias sind genau das richtige.
5. Es erscheint möglich, daß Dias eines Tages nukleare Waffen als Verhandlungsgegenstand ersetzen könnten, um Frieden unter den Nationen zu stiften. Wenn die Sowjetunion 30 000 Dias von Lenin auf die Vereinigten Staaten gerichtet hat ... dann würden die Vereinigten Staaten ein Arsenal mit 50 000 Dias von Warren G. Harding anlegen. Nur ein Narr würde dann das erste Dia einlegen.

Jedesmal, wenn mein Mann sein verführerisches Lächeln aufsetzt, alle Lampen ausmacht und sagt: »Heute abend ist es soweit«, zieht sich mir alles zusammen.

»Ich habe Kopfweh.«

»Das wird dich entspannen«, flüstert er.

»Vielleicht morgen.«

»Nein, nein, lehn dich einfach zurück und ...«

»Zwing mich nicht dazu!«
Wenn die Dias einrasten und der Projektor seinen rauchigen Strahl durch die Dunkelheit wirft, bekomme ich meinen glasigen Blick. Dann, als hätte ich ein Schlafmittel genommen, sackt mein Kiefer herunter, mein Kopf fällt nach hinten auf das Kissen, und ich schlafe ... den Diaschlaf.

Afrika

Bei Afrika dachte ich immer an Joy Adamson, die Autorin von *Die Löwin Elsa*. Ich stellte sie mir vor, wie sie durch hohes Gras auf die Löwin zulief, die sie als Junges aufgezogen hatte, um sie später wieder in der Wildnis auszusetzen, und »Elsa! Elsa!« rief. Ich fragte mich immer, was geschehen würde, wenn sie bis auf Mundgeruchdistanz rankäme, die Augen zusammenkniff und zurückwich: »Du bist nicht Elsa.«
Ich dachte an Ernest Hemingway, wie er in einem Zelt am Fuß des Kilimandscharo lebte, und an Jane Goodall, wie sie auf einem Berg sitzt und sich ihr letztes Gummiband um den Pferdeschwanz windet. Ich dachte an Diane Fossey und Richard Leakey. Aber meistens dachte ich beim Träumen über diesen rätselhaften uralten Kontinent an Ava Gardner.
Ava besichtigte auf der Leinwand das Afrika, das auch ich besichtigen wollte ... das Afrika, in dem man niemals schwitzte, wo die Dauerwelle hielt und der Lippenstift feucht blieb. Wo Löwen Haustiere waren, Eiswürfel sich von selbst fortpflanzten und keiner davor Angst zu haben brauchte, allein zur Toilette zu gehen. Wo auf jede Frau vierzehn Männer kamen und Haarspray keine Moskitos anlockte.
Doch Avas Filme stellten leider ein liebliches Afrika dar, das zudem fünfzig Jahre zurücklag. Damals gab es keine Gefahr – wenn man mal von Malaria, dem unerforschten Dschungel, unfreundlichen Eingeborenenstämmen, wilden Tieren und halsabschneiderischen Goldsuchern absieht.
Ich lernte Afrika auf einer Fotosafari kennen – zusammen

mit elf Amateurfotografen. Seither kann mich nichts mehr schrecken. Wenn Sie mit elf schießwütigen Fotografen im Busch gewesen sind, die pausenlos Film nachladen und auf alles zielen, was sich bewegt, haben Sie keine Angst mehr vor wilden Tieren.

Diese Leute waren regelrecht bewaffnet. Auf der Safari belichtete jeder Fotograf im Durchschnitt sechshundert Dias und über 600 Meter Videoband. Manche hatten eine Ausrüstung dabei, die mehr wert war als der Staatshaushalt aller afrikanischen Staaten zusammen. Sie hielten in Tagebüchern peinlich genau fest, was sie sahen, wo sie es sahen und was sie gerade taten, als sie es sahen. Abends saßen sie am Lagerfeuer, saugten mit einer Gummivorrichtung den Staub von ihren Linsen und redeten in einer Sprache, die aus ASA-Werten und Belichtungszeiten bestand.

Mein Mann ist einer von diesen Irren. Ich hätte es wissen müssen, spätestens als er bei seiner eigenen Hochzeit den Fotografen spielte. Er verlegte die Geburt unseres ersten Kindes, weil sein Blitz nicht funktionierte. Er ist der Mann, der zum Grand Canyon fährt und darauf besteht, den Wagen zu parken und auszusteigen, um Fotos zu machen, statt einfach das Fenster runterzudrehen wie jeder andere.

Als ich mir im Flugzeug diese Abenteurer ansah, wie sie ihre Objektive an- und abschraubten, ihre Blitzgeräte ausprobierten, um zu sehen, ob die Batterien es auch wirklich taten und dabei ihre Füße fotografierten, wußte ich, daß ich ihnen keinen Augenblick den Rücken zuwenden durfte.

Insgeheim schwor ich mir, sie alle zu ignorieren und mir meine eigene Ava-Gardner-Welt zu schaffen. In Kenia machte ich mir gar nicht erst die Mühe auszupacken, sondern ging direkt in Nairobi in einen Laden für Safarikleidung. Beim Elefantenfüttern und Balgen mit jungen Löwen konnte ich nicht in Seidenstrumpfhosen herumlaufen.

Kurz hinter Nairobi kam eine kleine Reihe blauer Zelte in Sicht. Das sah schon eher so aus wie das Afrika, das mir vorschwebte. Es gab alles, wovon ich geträumt hatte... das Lagerfeuer, Regiestühle wie beim Film, die Moskitonetze über den Feldbetten, die Schaufel hinter dem Zelt neben einem Schild mit der Aufschrift »HIPPOS VERBUDDELN IHRES ... VERBUDDELN SIE IHRES«: Das war in den Filmen nicht vorgekommen.

Mein schöner Traum, den ganzen Tag mit gekühlten Getränken und einer Schreibmaschine im Zelt herumzuhängen, schwand bereits in den frühen Morgenstunden des ersten Tages dahin. Die gräßlichen Fotografen waren darauf versessen, Bilder zu erbeuten, und nichts würde sie aufhalten. In der Morgendämmerung stiegen wir alle in mit Zebrastreifen bemalte Landrover – auf der Jagd nach den Tieren Afrikas.

Ich fand die Reisegruppe viel interessanter. Es gab ein älteres Ehepaar namens Dan und Martha, die aus einer Seniorensiedlung in Florida kamen. Eigentlich habe ich Dan und Martha die ganzen zwei Wochen, die wir da waren, nie gesehen. Sie steckten immer zusammen unter einem Regenmantel. Anscheinend transportierte Marthas Kamera den Film nicht richtig weiter. Dan mußte die Kamera öffnen und wollte den Film nicht dem Licht aussetzen.

Mr. Markey war ein pensionierter Physiklehrer, der eine seriöse deutsche Kamera bei sich trug. Er gab sie nicht aus der Hand. In seinen Augen hätte ein Aspirin gereicht, um Sie zu disqualifizieren, so ein schweres Gerät zu bedienen. Ich glaube, er nahm sie abends mit in sein Bett.

Die Rosenstads waren ein sexbesessenes Ehepaar – sie fotografierten Tiere, die sich paarten. Sie konnten sie auf einen guten Kilometer ausmachen. Ihre Köpfe schossen dann durch das offene Verdeck des Landrovers hoch wie Springteufel, während sie schrien: »Anhalten! Da machen es welche!« Da brünstige Löwen sich nach meiner Schätzung alle zehn Minuten paaren, ließ Frau Rosenstad ihre Videokamera einen Nachmittag volle dreißig Minuten laufen, während wir übrigen in der glühenden Sonne fast vergingen.

Von Carrie und ihrem Mann Max ist mir nur im Gedächtnis geblieben, daß sie zwei Wochen dieselben Sachen anhatten. Ihre fünf Reisetaschen enthielten nichts als Filme und Batterien. Als sie eines Abends in ihrem Zelt eine giftige Schlange fanden, taten sie das mit einem Achselzukken ab. Sie waren schon recht stoische Gemüter. Das einzige, was sie etwas aus der Ruhe brachte, war der Gedanke, daß sie sterben konnten und es im Himmel eventuell keine Kodakfilme gab.

Tim war Student und ein Einzelgänger. Ich hielt ihn für einen normalen Menschen wie mich, als ich ihn eines Tages mit einer Sofortbildkamera um den Hals sah. Froh, einen Gleichgesinnten gefunden zu haben, teilte ich ihm mit, ich hätte selbst zu Hause eine Pocket, die alles automatisch tat, außer Suppe heißzumachen und meinen Parkschein gültig zu stempeln.

Er sah mich an, als sei ich eine Schwerkranke: »Ich verwende das Ding bloß, um zu sehen, ob ich den richtigen Belichtungswert habe.« Ich beeilte mich, ihm zu versichern, daß ich mir das schon gedacht hätte.

Vern und June Gibbs machten alle verrückt. Sie machten gar nicht so viele Bilder, dafür gaben sie ständig Ratschläge. Jedesmal, wenn einer eine Aufnahme machte, schüttelte Vern den Kopf und fragte: »Wieviel ASA hast du? Habe ich mir schon gedacht. Das ist todsicher überbelichtet.« Wenn sich im Safarihotel jemand über die eigene Kamera beschwerte, bekam er zu hören: »Wo ist denn Ihre Gebrauchsanweisung?« Als hätte man die immer dabei!

Dieser zusammengewürfelte Haufen schien nur zwei Dinge gemeinsam zu haben. Alle besaßen Kameras, die längst museumsreife Auslaufmodelle waren, und obwohl sie alle Fotografen waren, verstand sich keiner von ihnen auf eine andere Kamera als die eigene.

Da Max noch die meiste Ahnung zu haben schien, bat ich ihn eines Tages, ein Bild von mir und meinem Mann zu machen. Das verblüffte die gesamte Gruppe, da sie nie auf die absonderliche Idee verfallen wären, Menschen zu fotografieren.

Max schaute auf die Kamera meines Mannes wie auf einen Zeitzünder.

»Wo ist der Sucher?« fragte er.

»Wo muß ich drücken?«

»Wie stellt man sie scharf?«

»Wo ist der Belichtungsmesser?«

Mein Mann unterhielt sich länger mit ihm als mit mir auf der ganzen Reise.

Wir grinsten in die Kamera, und Max machte den Schnappschuß. Als wir den Abzug kriegten, waren unsere Köpfe nicht mit drauf.

Ich hatte die Auszeichnung, der einzige Mensch in der Reisegruppe zu sein, der mit einer Kamera nichts anfangen konnte. Als wir über die Waschbrettstraßen von Afrikas Wildreservaten polterten, sah ich den anderen zu: laden, schießen, nachladen und wieder schießen. Sie waren stolz, Afrikas Tiere nicht nur auf Film einzufangen, sondern sie vor der Ausrottung durch Jäger mit Gewehren zu bewahren. Das war sicher eine gute Sache. Aber ich mußte mich doch fragen, wie viele Tiere Herzanfälle bekamen bei der Flucht vor den Landrovern, aus denen riesige Objektive auf sie zielten. Wie viele Tiere würden ihr Gehör einbüßen, weil jemand auf Pfannen eindrosch, um sie aus dem Versteck zu locken oder mit den Fäusten auf das Blech des Landrovers trommelte, damit sie die Ohren aufstellten? Wie vielen dieser Kreaturen wurde Tag und Nacht ins Gesicht geblitzt, bis sie ihr Augenlicht verloren? Wie lange würde es noch dauern, bis Fotografen sich nicht mehr damit zufriedengeben würden, die Tiere einfach »natürlich« abzulichten, sondern darauf bestanden, daß sie »etwas tun« – zum Beispiel erzählen, wo sie herkommen, oder Purzelbäume schlagen oder ein Liedchen brummen.

Als Ava dort war, kann Afrika noch nicht so voll gewesen sein. Daran hätte ich mich erinnert. Am Buffet in den Safarihotels standen die Leute Schlange, vor den Andenkenläden am Straßenrand tummelten sich busladungsweise Touristen, und als eines Tages eine Löwin mit ihren Jungen entdeckt wurde, machte die Nachricht die Runde, und es herrschte ein Gewimmel wie bei einer Polizeirazzia in einer Nacktbar.

Auf dieser Reise war ich die Frau, die für die anderen rätselhaft blieb. Ich machte mich zum Abendessen fein. Nachts starrte ich stundenlang ins Lagerfeuer, und ich war der einzige Mensch, der keine Kamera um den Hals trug.

Als ich eines Abends allein am Lagerfeuer träumte, kam Tim auf seinem Weg zum Zelt von Max vorbei. Er wollte seine Malariapillen gegen eine Rolle Diafilm tauschen. Er blieb einen Moment stehen, zögerte und meinte dann: »Entschuldigen Sie meine Neugierde, aber was haben Sie eigentlich von dieser Reise? Ich verstehe nicht ganz, wie jemand auf Fotosafari nach Afrika fährt und nur herumsitzt, während all diese herrlichen Tiere nur auf einen Schnappschuß warten. Würden Sie denn nicht auch gern

mit einem Bild von einem stattlichen Löwen nach Hause fahren, das Sie dann über den Kamin hängen können?«
Ich lächelte. »Für eine Reise nach Afrika braucht es keinen Grund. Ich will meinen Blick nicht durch ein Kameraobjektiv einschränken. Afrikas Staub, sein Schweiß und seine Hitze genügen mir. Ich nehme seine Stille in mich auf. Ich brauche mir kein gähnendes Nilpferd mit der Linse nah ranzuholen. Mir reicht es schon, in der Dämmerung an ein Wasserloch zu fahren, den Motor des Landrovers abzustellen und einfach stundenlang dazusitzen und zu sehen, was für eine Parade von Tieren zum Trinken herkommt oder um im Matsch herumzutollen, um sich die Wunden zu lecken und zu lindern. Afrika ist ein Ort für Abenteurer ... für Liebhaber und Romantiker. Verstehen Sie, was ich sagen will?«
Er schwieg lange, bevor er sagte: »Nun kommen Sie mal wieder auf den Teppich« und im Dunkeln verschwand.
Meine Anwesenheit auf der Reise hatte aber schon einen Zweck. Ich war ein Lockvogel für die Fotografen. Das funktionierte folgendermaßen: Wenn einer der Fotoamateure ein Bild von einem Wildhüter machen wollte, dem die mit Knochen verzierten Ohrläppchen bis auf die Schultern reichten, mußte ich in die Nähe schlendern und mich in Positur werfen. Im letzten Augenblick schwenkte er dann die Kamera herum und machte das Foto, das er wirklich machen wollte.
Während unserer letzten Woche in Afrika saß ich eines Abends im Safarihotel auf der Veranda und schlürfte etwas Kaltes. Ich hatte mir einen gelben Schal umgebunden, und mein Nagellack biß sich erstaunlicherweise nicht mit dem Khaki meiner Safarijacke. Ich ließ meine Finger am Rand des Glases entlanggleiten und war in Gedanken bei Avas Film »Mogambo« mit Clark Gable und Grace Kelly.

Mir fiel wieder ein, wie Grace Kelly sich bei einem Spaziergang vom Lager entfernte und Clark Gable um ihre Sicherheit fürchtete und ihr nachlief und vor Erleichterung darüber, daß ihr nichts zugestoßen war, vergaß, daß sie jemand anderem gehörte, und sie sich unter dem leuchtenden afrikanischen Himmel küßten, gegen den sich die Akazien abzeichneten.

Ich wurde wieder in die Wirklichkeit gerissen. Die Fotografen am Tisch gaben lautstark mit den Trophäen an, die sie an diesem Tag »geschossen« hatten. Zusammengenommen hatten sie das Hinterteil eines Kaffernbüffels ergattert, möglicherweise den Schwanz eines scheuen Stummelaffen, drei Warzenschweine, einen Massai-Hirten und drei Marabus beim Stochern im Müll vor der Hotelküche.

Ich entschuldigte mich und wollte in mein Zimmer gehen, als Vern meinem Mann zurief: »Bei den ganzen wilden Tieren wirst du doch deine Frau nicht draußen allein im Dunkeln herumlaufen lassen, oder?«

Mein Mann erhob sich. »Natürlich nicht«, sagte er. Mein Herz schlug höher. Er bedeutete einem der Wildhüter mit Pfeil und Bogen an der Tür, mich in mein Quartier zu begleiten.

»Fotogelegenheit!« schrie June. »Nicht verpassen.« Die Gruppe lief durcheinander wie aufgescheuchte Ameisen. Kameras erschienen, und alle Fotografen drehten an ihren Objektiven und stellten die Belichtung ein, um den Wildhüter mit Pfeil und Bogen dabei aufzunehmen, wie er Erma in ihrem Kostüm aus der Dschungelboutique zu ihrem Zimmer begleitete.

Als das Dia später auf unsere häusliche Leinwand geworfen wurde, schrien unsere Kinder nicht gerade vor Begeisterung auf. »Mami sieht nicht gerade glücklich aus«, bemerkte eines.

»Das liegt daran, daß sie an ihre armen Kinder dachte, die zu Hause sitzen, Fertiggerichte essen und geistig verarmen.«
»Genau!« meinte das andere. »Das sind die Schuldgefühle. Aber das läßt sich ganz leicht ändern. Nächstes Mal kommen wir mit!«
Sie würden schon sehen, was sie davon hatten.

Terminplanung für die Familienreise

Wie wär's mit der ersten Ferienwoche im Sommer?
»Da kriege ich keine Vertretung fürs Zeitungaustragen.«
Die zweite Woche?
»Da macht mein Chef Ferien.«
Dritte Woche?
»Fängt das Footballtraining an.«
Vierte Woche?
»Da habe ich Karten für ein Konzert.«
Fünfte Woche?
»Ich kann den Zahnarzttermin nicht schon wieder verschieben.«
»Und ich muß hier sein, wenn die Anstreicher kommen.«
Sechste Woche?
»Ganz schlecht. Da fahren die Prestons weg, und ich paß auf ihr Haus auf.«
Siebte Woche?
»Wer ist denn so bekloppt und fährt an einem Feiertagwochenende?«
Achte Woche?
»Da ist mein nächstes Gehalt noch nicht da, und ich habe kein Geld.«
Neunte Woche?
»Da wollte ich endlich mal den Wagen zur Inspektion bringen.«
Zehnte Woche?
»Da ist Hochbetrieb bei uns im Drive-in-Restaurant. Die würden mich umbringen.«
Elfte Woche?

»Da fahren doch die Cramdens, und die hatten sich bereit erklärt, auf unseren Hund aufzupassen.«

Zwölfte Woche?

»Zu heiß.«

»Außerdem hätten wir an dem Morgen nach unserer Rückkehr gleich wieder Schule.«

»Dann habe ich keine Zeit mehr, um die ganze Wäsche zu erledigen.«

»Müssen wir überhaupt wegfahren?«

»Also jetzt reicht's. Wir fahren in unseren gemeinsamen Familienurlaub. Davon wird niemand, aus welchem Grund auch immer, befreit. Wir werden alle zusammen fahren und dabei Spaß haben, oder ich reiße euch allen den Kopf ab!«

Floßfahrt durch den Grand Canyon

Wir standen am Südrand des Grand Canyon, und unsere Familie sah aus wie eine Werbung für Verstopfung. In meinem Leben hatte ich keine mißmutigeren oder unglücklicheren Menschen gesehen.
Unsere Tochter war sauer, weil es vier Uhr früh war und sie lieber woanders gewesen wäre. Ihre Brüder stritten, weil der eine den anderen blöd angesehen hatte, und mein Mann hatte keine Ahnung, wie er sechs Tage im Schlauchboot auf dem Colorado mit nur einer Sporttasche voll Anziehsachen durchstehen sollte. »Glauben die denn, ich komme mit einer Badehose, einem Paar Shorts und drei Garnituren Unterwäsche aus? Ich nehme mir ja mehr Wäsche mit, wenn ich ins Schwimmbad gehe.« Ich war wütend, weil ich allen eingeschärft hatte, sich vernünftige Wanderschuhe anzuziehen, und sie dann in Riemchensandalen ankamen, die sich bereits nach den ersten Metern der Dreizehnkilometerwanderung über steinige Pfade in ihre Bestandteile auflösen würden. Sofern sie nicht vorher hinschlugen und sich den Hals brachen.
Wir blieben ganze fünf Minuten zusammen, dann legte die Gruppe einen Schlag zu und ließ mich zurück wie eine Pestkranke. Als ich mir auf dem steinigen Pfad langsam meinen Weg dorthin suchte, wo das Boot wartete, fragte ich mich, warum wir uns das eigentlich antaten. Unsere Kinder hatten keine Lust dazu. Das hatten sie deutlich gemacht. Sie wären lieber zu Hause geblieben und hätten an ihrem Enthüllungsbuch »Unsere lieben Rabeneltern« weitergeschrieben.
Ein stechender Schmerz in meinem rechten Knie unterbrach für einen Moment meine trüben Gedanken. Wir

hätten aufhören sollen, Kinder zu kriegen, als wir noch in der Mehrheit waren. Jetzt stand es drei zu zwei. Das hieß: Sie hatten die Kontrolle über Telefon, Autoradio und alle anderen Nachrichtenverbindungen. Sie kontrollierten buchstäblich den Etat und die Ausgaben. Sie hatten das letzte Wort bei allen großen Entscheidungen. Dieser Urlaub war der erste undemokratische Entschluß, den wir in zehn Jahren gefaßt hatten. Aber irgendwie waren wir jetzt auch nicht glücklicher. Mein linkes Knie schmerzte nun ebenfalls, und ich begann, mich bei jedem Schritt an der Felswand abzustützen.

Nach ungefähr sechs Kilometern Wanderweg hatte ich das Gefühl, in der Sonne zu schmelzen. Mein Wasservorrat war aufgebraucht, und mein Knie brachte mich um. Ich kroch in eine kleine Höhle, um Schatten zu finden und über meine Zukunft nachzudenken – falls ich noch eine hatte. Meine Zehen fühlten sich an, als stießen sie vorn durch meine Wanderstiefel. Sicher würden meine drei Kinder jetzt sagen: »Wegen uns ist Mutters Körper zu neunzig Prozent mit Schwangerschaftsstreifen bedeckt. Wir sind eine Familie. Ihr anderen könnt ja alle zum Fluß runtergehen, aber wir gehen den Weg zurück und retten unsere Mutter, die sich so oft für uns geopfert hat.«

Eine Stunde verging, bevor ich ein leichtes Vibrieren im Boden spürte und ein paar Maulesel sah, die Vorräte zum Talboden des Canyons runterschleppten. Ich ließ mich mitnehmen und war sicher, auf dem Weg meine Familie zu treffen, die mich sicher schon suchte. Mein Mann hatte tatsächlich begonnen, sich Sorgen zu machen, und wollte sich mit Trinkwasser auf den Weg machen, als ich auf meinem Maultier heranritt.

Die Kinder saßen bereits alle im Schlauchboot. Als ich näher kam, hörte ich meine Tochter sagen: »Mami kommt immer zu spät. Sie kann einen auch nur blamieren.«

Als ich über den großen Gummischlauch stolperte, meinte der Schlauchbootkapitän: »Sie sind der erste Mensch, der jemals den Abstieg in den Canyon zu Fuß begonnen hat und am Ende geritten kam ...«
»Halten Sie den Mund, und legen Sie ab«, sagte ich müde.

Menschen, die noch nie auf dem Colorado unterwegs waren, fragen sich, was man den ganzen Tag in einem Schlauchboot für sechzehn Personen macht.
Hauptsächlich treibt man einen schmalen braunen Fluß hinunter: Auf beiden Seiten ragen Felswände auf, die mehrere hundert Meter hoch sind. Durch diese Steinkathedralen zu gleiten, deren Farbe sich in der Nachmittagssonne von Violett über Rot in Gold verwandelt, ist eine der unvergeßlichen Erfahrungen, die man machen kann. Gelegentlich fegt das Boot durch Stromschnellen mit spitzen Felsen und wirbelndem Schaum. Von Zeit zu Zeit halten Sie an, erkunden Höhlen und Wasserfälle und schauen nach Wildpferden und Wildeseln, die neugierig zurückäugen. Wer in den Fluß fällt, kann sich auf eine gehörige Unterkühlung gefaßt machen.
Nach etwa drei Tagen fragte mich eine nette Frau aus Maine: »Haben Sie eigentlich Kinder?«
Ich nickte und deutete auf den mit Seilen festgezurrten Jungen, der sich so weit von der Gruppe weggesetzt hatte, wie es auf dem Schlauchboot eben ging. Mein anderer Sohn hockte am anderen Ende des Boots und las ein Comic-Heft, während meine Tochter sich gerade die richtige Bräune zulegte.
»Und Ihr Mann?« hakte die Dame nach. Ich zeigte auf ihn.
»Ach je!« rief sie aus. »Das ist ja der, den wir jeden Abend in Bademantel und Nachtschlappen zur Klokabine gehen

sehen. Der kann sich mit dem Abenteuerleben wohl nicht so recht anfreunden, was?«
»Glauben Sie mir, er leidet Höllenqualen«, sagte ich und lächelte.
Die Dame aus Maine fand es wunderbar, wenn Familien sich so gut verstanden wie wir.
Jeden Abend fand beim Aufschlagen des Lagers dasselbe Ritual statt. Jeder war selbst verantwortlich dafür, sein eigenes Feldbett unter den Sternen aufzuschlagen, und wartete, bis die Klokabinen aufgestellt waren und ein Wasserfall zum Duschen frei wurde. Ich hatte wirklich nicht das Gefühl, daß ich meine Kinder übertrieben bemuttere. Als ich eines Abends in der Klokabine hockte, hörte ich einen großen Greifvogel am Himmel schreien und die Stimme meiner Tochter, wie sie zu einer Freundin sagte: »Ich muß gehen. Meine Mutter ruft nach mir.«
Ich biß mir auf die Zunge, um nicht zu schreien: »Du freches Gör! Du kriegst Stubenarrest, bis du selbst Kinder hast!«
Mein Mann mußte zugeben, daß das Essen hervorragend war und die Landschaft atemberaubend, doch er konnte sich mit dem primitiven Leben nicht anfreunden. Für ihn war es ein guter Tag, wenn er am Wasserfall einen Felsen mit einer Einbuchtung als Ablage für seine biologisch abbaubare Seife fand.
Ungefähr am sechsten Abend hörten wir Donnergrollen und sahen dunkle Wolken herannahen, die sich unheilverkündend über uns sammelten, als wir unsere Betten aufstellten. Jemand hatte den genialen Einfall, vor dem Regen in den nahe gelegenen Felshöhlen Schutz zu suchen.
»Ich nicht«, erklärte ich und stellte mein Feldbett abseits von der Gruppe auf den kargen steinigen Boden. »In solchen Höhlen gibt es Fledermäuse, und auf deren Bekanntschaft lege ich keinen gesteigerten Wert.«

Mein Sohn schämte sich. »Vati«, meinte er, »Mami benimmt sich wieder unmöglich. Sag ihr, sie soll in die Höhle kommen wie die anderen.«
Ich weiß nicht warum, aber ich hasse Fledermäuse. Sie sind einfach falsch gepolt. Ganz falsch. Sie stehen nie auf ihren Füßen wie andere Säugetiere. Sie lassen sich von der Decke hängen und haben etwas Unheimliches an sich. In der offenen Wüste fühlte ich mich sicherer.
Als ich zum schwarzen Himmel hochsah, schrie ich durch die Finsternis meinem Mann zu: »Ißt du gerade?« Ich wußte, daß er seine Naschvorräte bei sich trug.
»Ich esse Aprikosendörrobst aus meiner Überlebenstasche.«
»Ich bin am Verhungern.«
»Dann nützt ein bißchen Dörrobst auch nichts mehr.«
»Du willst nicht zufällig was abgeben, oder?«
Ich hörte ihn nur noch zufrieden im Dunkeln schmatzen.
Hoffentlich waren die Batterien in seiner elektrischen Zahnbürste bald leer.
Am letzten Tag unserer Flußfahrt half jeder mit, alles wieder aus dem Canyon zu schaffen, das wir hierhergebracht hatten – vom großen Schlauchboot bis zum letzten Kaugummipapier. Unsere Kinder sahen derart verwahrlost aus, daß man hätte denken können, sie kämen gerade von einem Waisenhauspicknick.
Ich habe auf dieser Fahrt viel über unsere Kinder nachgedacht – vor allem darüber, ob es klug war, sie mitzunehmen.
Ich bin zu folgendem Schluß gekommen: Sie können Ihren Kindern Lebensversicherungen hinterlassen, Aktien, einen vergammelten Pelzmantel und das Familiensilber, aber Sie können Ihnen nicht die Erinnerungen hinterlassen, die von so unschätzbarem Wert für Ihr Leben wa-

ren – Ihre Reisen! So was läßt sich nicht vererben. Das ist etwas, das mit Ihnen verschwindet, wenn Sie eines Tages nicht mehr da sind.
Eltern denken viel darüber nach, was sie ihren Kindern hinterlassen. Was werden die Kinder mit ihrem Geld anfangen? Einer mietet sich vielleicht in einem Schallplattenladen ein, die andere stellt sich das ganze Haus mit Kosmetika voll, und der dritte kauft sich ein Auto, das ewig auf Betonklötzen aufgebockt in der Einfahrt stehen wird, weil er es pausenlos repariert.
Nach dieser Reise entschlossen wir uns, das Geld dafür auszugeben, unseren Kindern die Welt zu zeigen. Sollten sie doch ihre eigenen Reichtümer ansammeln.
Schließlich waren wir ja eine richtige Familie und kein Rateteam ... Wissen Sie noch?
In Irland zerstritten sich die beiden Jungen wegen eines Fahrrades und schauten sich zwei Wochen nicht mehr an. In Hawaii kamen sie dahinter, daß sie nur zu sagen brauchten »Das geht auf Rechnung Zimmer 411« und schon besaßen sie alle Macht der Welt.
Im afrikanischen Busch fiel einer in den Sambesi, einen Fluß voller Krokodile. Der andere lief durch Pamplonas enge Straßen vor den Stieren her und erzählte es mir hinterher, damit ich meinen Herzanfall in Ruhe kriegen konnte.
Mein Mann hat mich gefilmt, wie ich einem Sohn hinterherlaufe, der mit einem Drachen über einer mexikanischen Bucht abhebt, und ihn anschreie: »Willst du deine Mutter umbringen?«
Ihre Hotelzimmer sahen immer aus, als hätte eine Bombe eingeschlagen, sie betraten immer als letzte das Flugzeug, und sie benutzten ihre Reisepässe als Notizblocks für Telefonnummern, aber irgendwie haben wir es geschafft.
Falls wir unseren Kindern überhaupt ein Erbe hinterlas-

sen, hoffe ich, daß es der Wunsch ist, die Welt zu sehen und auf friedliche Art einige der Menschen kennenzulernen, mit denen wir uns diesen Planeten teilen.

Wenn dem so wäre, würde ich mir nie wieder Sorgen machen, daß sie einmal mit leeren Händen dastehen könnten.

Nach der Reise durch den Grand Canyon haben wir noch oft zusammen Ferien gemacht – Ferien, die sich auf dem Papier vielleicht besser gemacht hätten. Es gab sie nämlich wirklich, jene seltenen Momente, in denen wir eine harmonische Familie waren. Aber die Schlauchbootfahrt habe ich aus einem bestimmten Grund ausgesucht.

Das war der Sommer, in dem keiner den anderen leiden konnte. Wir verbrachten kaum Zeit zusammen. Wir sprachen oder aßen selten miteinander. Wir schienen uns nicht mal zu brauchen. Aber auf dieser Reise geschah etwas Wichtiges mit uns, ohne daß wir es merkten.

Zum ersten Mal räumten wir jedem in der Familie das Recht ein, für sich zu sein und eigene Wege zu gehen. Das hatten wir nie zuvor getan. Wir schienen alle zu wissen, daß ein Kapitel in unserem Leben zu Ende ging und ein neues begann. Die Nabelschnur, die uns seit fast zwei Jahrzehnten verband, war kurz davor, durchtrennt zu werden. Mir wurde plötzlich klar, daß das für unsere Kinder ein genauso beängstigender Gedanke sein mußte wie für uns Eltern. Sie hatten ihre Ängste mit Feindseligkeit kompensiert. Wir hatten mit einer letzten Aufwallung von Überlegenheitsgefühl reagiert.

Von diesem Urlaub an würde unser Leben in ganz unterschiedlichen Bahnen verlaufen. Das glich in mancher Hinsicht dem Colorado. Bei jeder Biegung schien der Fluß neue Abenteuer anzukündigen. Auf lange Strecken blieb das Wasser ruhig, um uns dann plötzlich mit wilden Stromschnellen auf die Probe zu stellen und wir nahezu die Kontrolle über das Boot verloren. Wir brauchten unsere letzte Kraft, um wieder auf Kurs zu kommen.

Wir hatten auf dieser einsamen Flußfahrt stundenlang Zeit zum Nachdenken, Zeit, um uns gegenseitig zu beobachten – ohne Ablenkung durch Radio, Telefon, Terminpläne und Freunde.

Bis zu unserem nächsten »Familienurlaub« würden einige Jahre vergehen. Wir alle würden uns selbst noch eine Menge zu beweisen haben. Doch merkwürdigerweise ist es diese Reise, über die wir noch alle reden und an die wir uns erinnern, wenn wir die Bilder in Fotoalben studieren. Wir haben nie darüber gesprochen, aber das war der letzte Sommer der Kinder ... der letzte Sommer der Eltern. Von da an wurden wir alle ... ebenbürtiger.

Hauptsache, es macht Spaß!

Ich wohne in Arizona. Tourismus ist dort eine regelrechte Industrie.
In einem von unserem beliebten Steakhäusern im Westernstil sah ich eines Abends eine Gruppe japanischer Besucher. Sie waren bei einem Revolverduell und in einem Saloon gewesen und hatten sich mit Cowboyhut und zwei umgeschnallten Colts fotografieren lassen. Als sie zum Abendessen Platz nahmen, muß einer von ihnen wohl sein Steak »well done« bestellt haben, denn er bekam einen staubigen Stiefel auf seinen Teller. Gerade als sie die Steakmesser über ihre Teller hielten, kam eine Kellnerin mit einer Schere und schnitt ihnen allen die Krawatte ab. Die Japaner saßen einfach da – ohne eine Wort –, während die Kellnerin ihre Krawattenhälften samt ihren Visitenkarten an die Decke heftete.
Wahrscheinlich fragten sie sich, wie so alberne Menschen den Krieg gewonnen hatten.
Länder kann man mit Gastgebern vergleichen. Sie wollen ihre Besucher zunächst einmal unterhalten. Kathedralen und andere historische Sehenswürdigkeiten verstehen sich von selbst, aber Ihre Gastgeber wollen Sie mit etwas nach Hause schicken, an das Sie sich erinnern werden.
Mir ist aufgefallen, daß die meisten Fremdenführer wollen, daß Sie sich gut amüsieren, Sie deshalb auf ein Tier setzen und Sie dabei fotografieren. Welche Art Tier spielt dabei keine Rolle – Kamel, Maultier, Pferd oder Elefant. Irgendein Tier, solange Sie Angst davor haben. Denn nur dann macht's wirklich Spaß!
Wir sind noch keine zwölf Stunden im Land, da plaziert man uns schon auf den Rücken eines Lasttiers. Auf Haiti

sind wir auf Maultieren bis zur Spitze von Christopher's Citadel hinaufgeritten, und in Griechenland sind wir auf Maultieren die schmalen Pfade von Santorini hinabgeritten. Auf der Osterinsel sind wir sogar nur aus Spaß an der Freud' auf Maultieren geritten.

Falls Sie in Jordanien die wundersamen Ruinen von Petra besichtigen wollen, müssen Sie vorher über ein hundegroßes Maultier mit einem kleinen Holzsattel und einer zerlumpten Decke verhandeln. Nach einer Stunde tun Ihnen die Knochen so weh, daß Sie das nächste Mal liebend gern zu Fuß gehen würden.

Wie man an den Japanern mit den Cowboyhüten sieht, gefällt Fremdenführern nichts besser, als Touristen zu kostümieren und dann zu fotografieren.

In Jordanien wurde meinem Mann eine Kopfbedeckung, wie Jassir Arafat sie trägt, verpaßt. Er sah aus wie ein Ire, der sich ein Tischtuch auf den Kopf gelegt hat. In Simbabwe trugen wir vergammelte Tierhäute und tanzten mit Schildern und Speeren um ein Lagerfeuer. Im Kopenhagener Tivolipark posierten wir als Wikingerpaar mit Hörnern, die uns aus dem Kopf wuchsen. Und aus Australien habe ich ein Bild, auf dem mir ein Koalabär um den Hals hängt, der vom Eukalyptusblätterkauen ganz besoffen ist.

Für Touristen erwacht jedes Land nachts zum Leben. Auf Neuseeland bauen sich Maoritänzer vor Ihnen auf und strecken wie Schlangen die Zungen raus, aber Sie haben keine Ahnung, wie lustig das Leben sein kann, bevor Sie nicht in Rio einen Abend im Kabarett verbracht haben, wo sämtliche Witze auf Portugiesisch erzählt werden.

Viele Länder möchten Sie gern mit einer musikalischen Darbietung über ihre Geschichte aufklären. So geschehen in Irland. Das könnte normalerweise die schärfste Zugnummer der Stadt sein. Aber wenn Sie gerade acht

Stunden Flug hinter sich haben, in einen Bus gestiegen und auf einer Burg mit einem Essen von acht Gängen bewirtet worden sind, haben Sie es damit nicht so eilig.
Als die Vorführung mit der Ankunft der Kelten 300 vor Christus begann, war mir klar, daß ich hier nicht mehr so schnell rauskommen würde. Ich hatte auf etwas Zeitgenössischeres gehofft, wie den Besuch von John F. Kennedy 1963.
Als die Dänen im Jahre 1014 das Land verwüsteten und 1846/47 die Kartoffelernte ausfiel, war ich bereits sanft entschlummert. Ich wachte erst wieder auf, als Padraig Pearse 1916 den entscheidenden Aufstand anführte und dem Land die Unabhängigkeit brachte.
Volkstänze sind bei Touristen sehr beliebt. Genau wie Gesangseinlagen, Ballett und Zirkus. Hemmungen werden in den Wind geschlagen. Sie werden diese Menschen nie wiedersehen, also legen Sie einen Hularock an und wakkeln mit Hüften und Schultern oder stellen sich auf eine Bühne, um mit einer Schweizer Kapelle zu jodeln.
In den meisten großen Städten der Welt habe ich mich absolut zum Narren gemacht. Was soll's! Ich bin Tourist und benehme mich auch so.
Komiker gibt es in jedem Land. In den Folies-Bergères saß ich zu nahe an der Bühne und wurde ein Opfer des Conférenciers, der sich, gefolgt von einem blendend hellen Scheinwerfer, herabbeugte und zu mir sagte: »Madame, wären Sie so nett und würden diesen Umschlag für mich zukleben?« Ich streckte die Zunge heraus, um die Klappe zu lecken, und er verkündete laut: »Aha, ich sehe, Sie sind Französin.«
In Istanbul war es Shecky Abdul. Seine ganze Show bestand darin, Ausländer auf die Bühne zu holen, wo er sie bat, sich so zu benehmen, wie das bei ihnen vor zweihundert Jahren üblich war ...

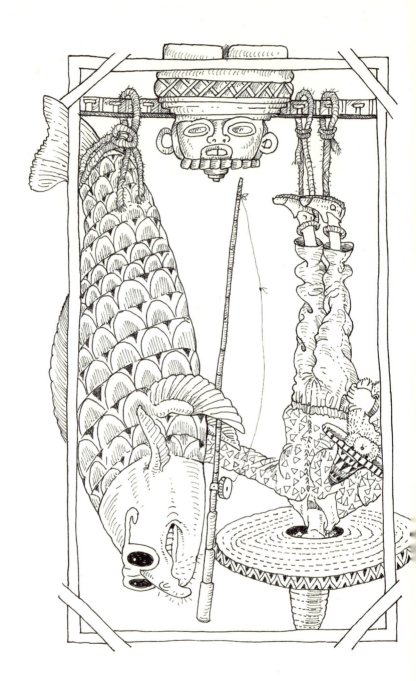

In Cabo San Lucas in Mexiko gibt es eine Bar, in der Sie an den Füßen gefesselt und kopfüber neben einem Fisch aus Pappe aufgehängt werden, der eine schwarze Sonnenbrille trägt und eine Angel in der Flosse hält. Diese ganzen Verrenkungen sind notwendig, damit man ein irre lustiges Foto von Ihnen machen kann.
Sie können sich natürlich fragen: »Macht mir das wirklich Spaß?«
Aber Sie wollen doch kein Spielverderber sein, oder?

Historische Sehenswürdigkeiten

Bei »historischen Sehenswürdigkeiten« sollte man nicht vergessen, daß sie sich nie in der Nähe des Parkplatzes befinden. Egal, ob es sich um ein altes Kloster handelt, eine Festung, Ruine, Stadt oder einen alten Topf, immer muß man für die Besichtigung elend lange laufen.
Ich habe genausoviel Respekt vor Geschichte wie andere Leute, aber 840 Stufen zu steigen, um dann auf dem Rücken zu liegen und einen Stein zu küssen, der mich nicht zurückküßt, ist für mich kein Muß.
Die Tatsache, daß Busladungen von Amerikanern um die Welt kurven, um die Vergangenheit zu besichtigen, hat vermutlich mit der vermeintlichen Jugend unseres eigenen Landes zu tun. Wir verehren alles, das älter ist als Ronald Reagan.
Mein Mann war früher Geschichtslehrer und neigt dazu, jedes Schild an jedem Ausstellungsstück in jedem einzelnen Museum zu studieren. Falls es einen Knopf zu einem Tonband gibt, drückt er drauf. Falls es einen Führer gibt, der einem erklärt, wie Farbe trocknet, hört er ihm gebannt zu. Falls auf einer Bergkuppe islamische Schriftzeichen zu sehen sind, klettert er hinauf.
Mir reichten für Stonehenge zehn Minuten.
Es ist nicht etwa so, daß ich keinen Respekt vor Altertümern hätte. Ich habe vor jedem Respekt, der Kinder geboren hat und noch aufrecht gehen kann. Irgendwie finde ich die Besichtigung von historischen Stätten nur immer so schrecklich aufwendig. Die Zugfahrt in Peru, um Macchu Picchu zu sehen, die Seilbahn in Israel, um Masada zu besichtigen, oder die Taxifahrt in Jordanien, um durch die römischen Überreste von Garash zu stampfen, haben

mir nichts ausgemacht. Aber das waren Ausnahmen. Die meisten historischen Sehenswürdigkeiten sind nur durch Gewaltmärsche zu erreichen. In Indonesien brachte ich einen halben Tag damit zu, einen Haufen Lava zu erklimmen, um in einen vulkanischen Schlund namens Krakatau zu starren, der genauso aussah wie der Krater vom Vesuv, den ich vorher in Italien gesehen hatte. So ist das eben: Das ganze Jahr über kriegt man keinen Vulkan zu Gesicht, und dann kriegt man zwei Wochen nichts anderes zu sehen und ist vollkommen verausgabt. Mit Museen ist es dasselbe. Und mit Kirchen. Und Ruinen.
Mein Mann und ich interessieren uns auf Bildungsreisen für sehr verschiedene Dinge. Er konzentriert sich, fragt nach der Größe der Ziegelsteine und wann die Kathedrale restauriert wurde. Er führt ein Tagebuch, wo er gewesen ist und was er gesehen hat.
Meine Beobachtungen richten sich auf den Intelligenzquotienten der Frauen, die bei diesen Ausflügen hohe Absätze tragen, auf die Frage, wie lange der Andenkenladen geöffnet ist, und woher wir wissen, daß Maria, die Mutter Gottes, tatsächlich in diesem Haus gelebt hat. Sind da Handtücher mit dem Monogramm MM für »Mutter Maria« gefunden worden?
Ich habe das Gefühl, daß männliche Fremdenführer in vielen Ländern, vor allem im Nahen Osten, nicht mit der selbstbewußten und kritischen Art westlicher Frauen umgehen können. Sie sind Dienerinnen gewohnt, die Grau oder Schwarz tragen, den Mund halten und an ihren Lippen hängen, wenn sie reden.
Das war nie offensichtlicher als bei unserem Besuch in Ephesus, einer antiken Ruinenstadt in der Türkei. Um zehn Uhr morgens stand das Thermometer bereits auf vierzig Grad Celsius. Unser Fremdenführer war ein Geschichtsexperte, der über jeden Stein stundenlange ver-

wickelte Geschichten zu erzählen wußte. Der Begriff »Wechseljahre« war für ihn ohne Bedeutung. Alle zwei Minuten hielt er an und vertiefte sich in eine lange historische Tirade à la James Michener, die bis zurück ins Jahr 88 vor Christus reichte – mindestens! Irgendwie mußte er mitbekommen haben, daß er nicht meine volle Aufmerksamkeit hatte. Während seiner Vorträge suchte ich entweder nach einer Toilette oder nach Trinkwasser. Von Zeit zu Zeit schlich ich mich unter dem Vorwand, etwas verloren zu haben, an ein schattiges Plätzchen und gab vor, dort zu suchen. Als ich auf einer Steinbank im Amphitheater zusammenbrach, sprach mich unser Führer direkt an: »Ich habe eine Geschichte, die Sie interessieren wird.« Das belebte mich ein wenig.
»An diesem Ort wurde Artemis verehrt«, begann er. »Ihre Priesterinnen waren mit Leib und Seele Kriegerinnen – urtypische Emanzen sozusagen.« Er machte eine Pause und sah mir in die Augen. »Diese Frauen schliefen einmal im Jahr mit Männern, damit ihr Volk nicht ausstarb. Männliche Kinder wurden nach der Geburt ausgesetzt.« Jetzt war ich ganz Ohr.
»Artemis wird immer als Amazone dargestellt«, fuhr er fort, »eine Brust entblößt, das Peplon über die rechte Schulter gezogen, um die Narbe zu verbergen, wo die andere Brust abgetrennt worden war, um dem Bogenarm volle Bewegungsfreiheit zu geben.«
Ich nickte verständnislos.
»Irgendwie erinnern Sie mich an diese Frauen«, sagte er lächelnd.
Ich sah an meiner eigenen Büste herab und fragte mich, was er mit einem derartigen blöden Scherz meinte. Und das nur, weil ich selbst die Autotür öffnete, oder was?
Als man uns anbot, mit dem Boot nach Griechenland überzusetzen, geriet mein Mann in Ekstase.

»Willst du nicht sehen, wo der erste Marathon stattfand?« fragte er. Ich schüttelte den Kopf.
»Willst du nicht den Apollotempel in Delphi sehen, wo sich das Orakel befand?« Ich sagte nein.
»Willst du einmal sterben, ohne je etwas Älteres gesehen zu haben als dich selbst?« Ich nickte stur.
Unser Führer sah aus, als wäre er einem Film entsprungen. Er trug eine Mütze, unter seinem Tweedsakko einen Schal und paffte an einer Pfeife, die ihm ständig ausging.
Sobald er sprach, beanspruchte er unsere volle Aufmerksamkeit. Bei jeder historischen Sehenswürdigkeit stiegen wir aus dem Bus aus und wieder ein, bis ich mir vorkam wie auf einem Ausflug zur Talsperre im vierten Schuljahr. Ich machte mir Sorgen, weil jeder außer mir auf der Tour mindestens eine Frage gestellt hatte und der Führer sich das sicher gemerkt hatte. Eines Tages, wenn ich es am wenigsten erwartete, würde er mich anfunkeln und fragen: »Sie! Sie da mit dem Pappbecher voller Eiswürfel! Wie nehmen sich Ihrer Ansicht nach die Ausgrabungen im Palast von Knossos im Vergleich zu denen von Phaistos in der Mesara aus?«
Mehr als einmal hatten sich unsere Blicke gekreuzt. Endlich waren wir in Theben, es war der letzte Tag vor unserer Rückkehr nach Athen. Und meine Anspannung wuchs ins Unerträgliche. Mir lief die Zeit davon. Etwa dreißig von uns standen herum, als es plötzlich ganz still wurde, er mich direkt ansah und fragte: »Haben Sie keine Fragen?«
Das, was mich wirklich beschäftigte, hätte er gewiß nicht hören wollen. Seit meiner Ankunft in Griechenland fragte ich mich nämlich, warum allen männlichen Statuen das gleiche biologische Anhängsel fehlte. Was war damit geschehen? Wurden die Teile irgendwo gelagert? Wurden aus

Gründen der Zensur den Museen die Mittel vorenthalten, bis sie sie entfernten? Hielten die militanten türkischen Amazonen hier ihre Treffen ab?

Ich verwarf alle diese Fragen. Statt dessen meinte ich gleichmütig: »Hat der Löwe, gegen den ich mich hier lehne, eine historische Bedeutung?«

Dreißig Menschen erstarrten in der Vorahnung dessen, was nun kommen mußte. Der Führer sah mich lange an, bevor er sprach. Dann sagte er: »Sie haben nicht aufgepaßt. Vor noch nicht einmal zwei Sekunden habe ich erklärt, daß der Löwe an den Sieg Philipps von Makedonien 338 vor Christus erinnert.«

Ich habe bereits erwähnt, daß mein Mann ein Reisetagebuch führt. Ein kleines Beispiel soll Ihnen zeigen, wie verrückt sich Amerikaner wegen historischer Sehenswürdigkeiten machen lassen:

Wir waren in Spanien in einer Bäckerei, als jemand eine großartige alte Kirche namens St. Lucas erwähnte. Wir setzten uns also in den Wagen, und mein Mann drückte mir ein Bündel gelbes Notizpapier mit Hinweisen in die Hand, wie wir dorthin gelangen würden. Falls Sie die Strecke mal nachfahren wollen, hier die Wegbeschreibung:

»Fahren Sie NW von Palagruel-C-255 (Straße nach Le Bisbal) ungefähr 5 km, biegen nach r. zum Fluß – 3 km bis Sackgasse. Nach links bis Pals (Burg/Turm 14. Jh.)
Weiter NW nach Torrdella (Burg 13. Jh./Aussicht)
Selbe Straße zurück. Scharf rechts abbiegen!
Bei Serra de Daro links ab nach Ulestret (Kirche 11. Jh.)
Weiter bis Vulpellach (Burg 14. Jh.)
Hauptstraße r. W. bis Le Bisbal, links SW bis Cruilles.
1. Str. bis Cassia de la Selva. Selbe Richtung nächste Str. r. bis San Sadurni und Monella (?)

Nach Süden abbiegen Richtg. San Sebastian – dann La Franc (Leuchtturm) bis Callella und Cabo Roig.«
Eine kleine Bemerkung am Rande. Als wir unser Ziel erreicht hatten, war St. Lucas geschlossen. Die Kirche stammte aus dem Jahre 1936. Da waren mein Mann und ich schon geboren.

Krank

Es gibt nichts Schlimmeres, als aus einem Urlaubsparadies zurückzukehren und so fertig auszusehen wie auf dem eigenen Paßbild. Und doch kommt so was bei uns immer wieder vor – wie unser Hausarzt Ihnen gerne bestätigen wird. Unsere gesamte medizinische Akte besteht aus urlaubsverursachten Krankheiten, Verletzungen und mysteriösen Fiebern. Wir sind noch von jeder Reise kränker zurückgekommen, als wir hingefahren waren. Unser Arzt meint, wenn wir nicht langsam anfangen, es uns zu Hause gemütlich zu machen, wird uns das Reisen schließlich umbringen.
Genaugenommen hat er wahrscheinlich recht. Wir haben schon dreihundert Dollar pro Tag bezahlt, um uns in einer Kloschüssel zu übergeben, die die Form einer Muschel hatte. Ich habe immer wieder drei Badeanzüge für den Strandurlaub eingepackt und dann die Vorhänge in meinem Zimmer zugezogen, weil ich das grelle Licht nicht ertragen konnte. Ich war voller Vorfreude auf eine Karibikkreuzfahrt, bei der es acht Mahlzeiten am Tag gab, und hinterher wälzte ich mich stöhnend in meiner Koje herum und nahm nur Zwieback und Cola Light zu mir.
Ich weiß nicht, was es war – die Aufregung oder das Wasser, das Essen oder die Hitze, auf jeden Fall besteht meine Erinnerung an Santiago de Chile lediglich darin, wie ich in einem Hotelzimmer liege und dem sprechenden Pferd Rosinante dabei zusehe, wie es Pointen auf Spanisch abfeuert. Ich wollte damals nur noch nach Hause und in meinem eigenen Bett sterben, wo die Zimmermädchen nicht ständig mit frischen Handtüchern rein- und rausliefen, doch mein Mann blieb hart.

»Wir können nicht nach Hause fahren«, erklärte er. »Um unsere Buchung zu ändern, verlangt die Fluggesellschaft je Flugschein fünfundsiebzig Dollar, und was es kostet, einen für zwei Wochen bestellten Mietwagen vorzeitig zurückzugeben, möchte ich gar nicht erst wissen.«
Ich sagte, wenn er krank wäre, würden wir bestimmt heimfahren, und er sagte: »Wenn ich mal krank werde, ist es eben viel schlimmer als bei dir.«

Halten wir diesen Gedanken mal fest. Ich würde Ihnen gern von Peru erzählen. Wir waren unterwegs nach Macchu Picchu und flogen nach Cuzco, das 3400 Meter hoch liegt. Die Landung hätte Ihnen den Atem genommen – vorausgesetzt, Sie hätten noch welchen gehabt.
Wir hatten uns gerade in unserem Hotel gemeldet, als ein Kellner uns zwei Tassen Tee brachte, in denen Kokainblätter schwammen.
Bevor ich noch »Kampf den Drogen« schmettern konnte, versicherte uns der Mann, daß es klug sei, das Gebräu zu trinken. Wir würden davon müde, und während wir uns ausruhten, würden sich unsere Körper an die Höhenluft gewöhnen.
Mein Mann setzte die Tasse an die Lippen und sackte sofort weg. Ich lehnte ab: Schließlich hatte ich noch ein paar Stunden, bevor die Andenkenläden schlossen. Schlafen konnte ich zu Hause.
Am nächsten Morgen kam mein Mann nicht aus dem Bett. Er fühlte sich zerschlagen und hatte Kopfschmerzen.
»Nichts weiter als eine leichte Grippe«, erklärte ich ungerührt.
»Meine Fingernägel laufen blau an«, sagte er nach einer Weile.
»Dann ist es vielleicht doch schlimmer«, meinte ich. Wir riefen den Hotelarzt, der die Fenster aufriß, meinem

Mann eine Sauerstoffmaske auf das Gesicht drückte und ihn zum Opfer der Höhenkrankheit erklärte.

Mein Mann bedeutete mir, näher ans Bett zu kommen und flüsterte mit ausgetrockneten Lippen: »Wir sind den ganzen Weg gekommen, um Macchu Picchu zu sehen, und ich will nicht, daß du darauf verzichtest, nur weil ich auf der Schwelle des Todes stehe. Mach dir keine Sorgen um mich. Natürlich ist es schrecklich, hier ganz allein in einer fremden Stadt zu sein, deren Sprache ich nicht spreche, und auf ein Telefon angewiesen zu sein, das die halbe Zeit nicht funktioniert, aber ich möchte, daß du den Zug nach Macchu Picchu nimmst und dort eine wunderschöne Zeit verbringst.«

»Abgemacht«, sagte ich und war im Nu draußen.

Als wir uns später über seine Krankheit unterhielten (und Gott weiß, wie oft er davon anfing), ging es ihm nie um das Gefühl, er hätte da allein sterben können; es war die tödliche Qual, soviel Geld bezahlt zu haben, um den ganzen Tag auf eine häßliche Tapete zu schauen.

Den Unterlagen unseres Hausarztes zufolge hatten wir von unseren Reisen gequetschte Nieren mitgebracht, schwarz verfärbte Zehennägel, die schließlich abfielen, Ausschlag, angegriffene Lungen, Schüttelfrost und Fieber, Bindehautentzündung, Durchfall, rätselhafte Insektenbisse, die nicht abheilten, Entzündungen der Lymphdrüsen, Sonnenbrand an den Füßen vom Waleschauen im mexikanischen Kalifornien und eine mysteriöse Tropenkrankheit, die mich sechs Wochen meines Lebens kostete.

Einige Krankheiten sind unvermeidlich. Ich weiß, daß ich auf See immer an der Reling zu finden sein werde, und kann nur hoffen, daß mir der Wind nicht ins Gesicht bläst. Das Schlingern eines Schiffs kann ich immer noch nicht ertragen, egal wie viele Vorsichtsmaßnahmen ich

treffe. So auch auf unserer Reise in das kleine französische Karibikdepartement Guadeloupe.
Die Überfahrt dauerte drei Stunden. Es gab auf dem Schiff eine erste Klasse und eine Touristenklasse. Mein Mann verkündete: »Kinder, ich denke, eurer Mutter würde es in der ersten Klasse bessergehen. Vielleicht schwankt es da nicht so stark. Ich weiß, daß ihr sparen wollt, deshalb könnt ihr gern die Touristenklasse nehmen.«
Na, glauben Sie nicht, was da für Witze gemacht wurden. »Unsere Mutter ist eben eine echte Klassefrau, aber muß es an Bord sein? Was meint sie denn, was wir in der Touristenklasse machen? Zwischen lebendigen Hühnern sitzen? Und wer hilft an ihrer Stelle beim Rudern?«
Ich beachtete sie nicht, und wir bezahlten zusätzlich dreißig Dollar, um in einer Kabine mit Klimaanlage, Fernsehen und gepolsterten Sitzen zu reisen. Die Klassen waren durch einen Vorhang getrennt.
Fünf Minuten nach dem Ablegen packte ich die beiden Spucktüten und warf mich auf den Boden. Das war kein schöner Anblick. Ich hörte Lachen und sah auf. Mir stand der Schweiß auf der Stirn. Ich hatte Schüttelfrost. Mein Gesicht war grün. Mir war kotzübel. Und über mir standen die Kinder. »Das ist also die erste Klasse«, zwitscherten sie. »Da hast du ja wirklich einen schönen Sitzplatz bekommen, Mami. Schade, du verpaßt gerade die alte Bonanza-Wiederholung im Fernsehen.« Soviel zum Mitgefühl meiner Familie.
Falls die Hitze oder der Seegang Sie nicht krank machen, gibt es da noch eine todsichere Möglichkeit: das Essen.
Sie ahnen nicht, was Sie alles zu essen vorgesetzt bekommen können. In Afrika machten wir auf einem Ausflug ein Picknick. Ich nahm mir ein Stück Fleisch und fragte: »Hat jemand eine Ahnung, welches Tier einen vier Zentimeter langen Oberschenkel hat?« Alle hörten auf zu

kauen, legten das Fleisch in den Behälter zurück und stürzten sich auf das Obst.

Ich habe immer geglaubt, ausländische Spezialitäten kann man am besten in dem entsprechenden Land essen. Welch schöner Traum! Ich hatte es ja kaum erwarten können, nach Israel zu kommen, um dort die ganzen jüdischen Spezialitäten aus New York wiederzufinden – wissen Sie, diese Sandwiches mit mehreren hundert Gramm marinierter, geräucherter Rindspastrami in ganz weichem Roggenbrot mit einem Schlag scharfen Senf und dazu einer knackigen Essiggurke. Vergessen Sie's. Israel besteht aus einem einzigen Restaurantfenster, in dem sich ein Lamm triefend vor Fett am Spieß dreht, dazu gibt es Kichererbsen, Falafel und Fladenbrote groß wie Radkappen ohne jeden Geschmack.

Die meisten Länder verwenden in ihrer Küche wenig Fleisch. Dafür gibt es viel Fisch. Die meiste Zeit beschleicht mich das Gefühl, Köder zu essen.

Natürlich funktioniert die Sache auch umgekehrt. Was meinen Sie, was jemand aus Neu-Delhi von einem fetten doppelstöckigen Hamburger hält? Ich saß eines Tages im Flugzeug neben einem Japaner, als es gerade Mittagessen gab. Er sprach kein Wort Englisch, also konnte ich ihn auch nicht warnen, als er Messer und Gabel zur Hand nahm und anfing, ein festes, dickes Stück Butter zu zerschneiden. Er balancierte ein Stück davon mit der Gabel zum Mund und begann langsam zu kauen.

Über die Jahre habe ich meine eigenen Regeln aufgestellt, was ich auf Reisen esse (und was nicht).

1. Essen Sie niemals etwas, dessen Namen Sie nicht aussprechen können.
2. Hüten Sie sich vor Gerichten, von denen es heißt: »Manche Leute sagen, es schmecke ähnlich wie Huhn.«

3. Wenn ein Land nicht ein einziges Stück Vieh und weder Weideland noch Cowboys vorweisen kann, bestellen Sie kein Rindfleisch.
4. Seien Sie ruhig ein Spielverderber. Wenn man Ihnen erzählt, daß sich aus der Haut von dem, was Sie gerade essen, wunderschöne Schuhe und Handtaschen machen lassen, legen Sie die Gabel beiseite.
5. Widerstehen Sie allem, das den Hund wild macht, wenn etwas davon auf den Boden fällt.
6. Bestellen Sie kein italienisches Gericht in Ländern, in denen Männer mit rotkarierten Röcken herumlaufen.

Jemand hat mal die Zahl der Touristen untersucht, die im Urlaub krank wurden. Demnach litten zweiundsechzig Prozent von ihnen an Problemen mit dem Magen, Sodbrennen, Verdauungsstörungen, Durchfall und Sonnenbrand.
Manchmal ist das Unachtsamkeit. Manchmal reicht schon die Erwähnung des Ortes, um in die Knie zu gehen... MEXIKO!

Mexiko

Mein jüngerer Sohn und ich lagen Seite an Seite auf dem Doppelbett und hatten alle Vorhänge zugezogen. Unser Hotelbungalow war vollkommen abgedunkelt.
Die Tür ging auf, und ein blendender Strahl Sonnenlicht ließ mich ein nasses Handtuch vom Nachttisch greifen und meine Augen bedecken. Auch mein Sohn vergrub seinen Kopf in den Kissen.
»Warum kommt ihr nicht zum Strand?« fragte mein Mann intelligenterweise. »Da ist es wunderschön!«
»Wie weit von diesem Zimmer ist der weg?«
»Keine dreißig Meter.«
»Das ist zu weit vom Klo«, stöhnte ich. »Mach die Tür zu.«
»Was ist mit dir, Sportsfreund?« wandte er sich an den Leidenden neben mir. »Ich dachte, du wolltest noch zum Drachenfliegen?«
Mein Sohn warf ein Kissen gegen die Tür, bevor sie wieder zugeknallt wurde.
Eine Stunde, nachdem wir in Mazatlan an der mexikanischen Pazifikküste angekommen waren, hatte uns beide Montezumas Rache ereilt.
Es war nicht mehr wichtig, daß ich so blaß nach Hause fahren würde, als hätten mich Blutegel ausgesaugt. Auf die faulen Tage am Strand und romantischen Nächte mit Mariachimusik kam es auch schon nicht mehr an. Der Ledermantel meiner Träume, den es hier für zwei Dollar gegeben hätte, war mir egal. Aber ich saß eine Woche in diesem dunklen Zimmer fest und mußte mir Tom und Jerry auf Spanisch ansehen.
Meine Mutter, die uns mit meinem Vater auf dieser Reise

begleitete, steckte auch den Kopf durch die Tür. »Bill sagt gerade, ihr wollt den ganzen Tag in diesem deprimierenden Zimmer zubringen. Ihr habt schon ein herrliches Mittagessen verpaßt. Ich hatte einen Käsetoast und einen großen Salat.«
»Mutter, hier soll man doch keinen Salat essen.«
»Ach, den Unsinn glaube ich nicht. Schau mal, ich habe dir aus dem Speisesaal eine Tüte mit Tortillachips mitgebracht. Vorsichtig, die sind fettig.«
Die Tüte landete auf dem Bett zwischen meinem Sohn und mir. Der Geruch nach tierischem Fett stieg uns in die Nase, und Sekunden später stürzten wir beide zum Klo.
»Meinst du, daß uns das verbindet?« fragte mein Sohn und hob schwach den Kopf.
»Bestimmt«, sagte ich.

Mir ist ein Werbespot aus dem mexikanischen Fernsehen in Erinnerung geblieben. Darin kam eine Familie vor, die Disneyland besuchte und heiße Würstchen und Zuckerwatte verdrückte. Sie hielten sich den Bauch und sahen elend aus. Dann lief eine rosa Flüssigkeit über den Schirm, der Name eines Abführmittels erschien, und als die Sicht wieder klar war, lächelte die Familie und rief: »Gracias!«
Ich habe lange darüber nachgedacht. War es denkbar, daß Ausländer unser Land besuchten und die ganze Zeit Magenkrämpfe und Schwierigkeiten mit dem Trinkwasser hatten? Hoffentlich.
Ich mag Mexiko wirklich. Arizona grenzt direkt an Mexiko, und ich nütze jede Gelegenheit, um über die Grenze nach Nogales zu fahren. Es gibt dort viele kreative Handwerker und Künstler. Aber nach ungefähr vier oder fünf Stunden beginne ich auszutrocknen und muß zurück in die Vereinigten Staaten, um Wasser zu trinken.

Mit dem Wasser ist das so eine Sache. Zu Hause muß ich mich zwingen, auch nur drei Gläser am Tag zu trinken. Wenn es aber 1,49 Dollar die Flasche kostet, werde ich zum Schwamm.

Ein Freund von uns mietete sich für einen Sommer ein Haus in San Miguel de Allende und lud uns ein. Ich nahm mir vor, übervorsichtig zu sein. Ich spülte meine Zahnbürste nur mit Wasser aus der Flasche. Beim Duschen kniff ich Lippen und Augen zusammen, damit kein Tropfen Wasser in mein Inneres drang.

Wir kochten Wasser in großen Mengen ab und verwendeten es zum Kaffeemachen. Wir spülten unser Geschirr mit abgekochtem Wasser. Wir besorgten uns in einer Apotheke ein chemisches Mittel, um darin frisches Obst und Gemüse einzulegen und alles abzutöten, womit wir uns infizieren könnten.

Eines Tages fragte mich mein Mann: »Hast du Lust, schwimmen zu gehen?«

»Wie weit ist es vom Pool zum Haus?«

»Keine zwanzig Meter.«

»Zu weit«, seufzte ich.

Manche Menschen haben einen Pferdemagen. Sie können Wasser aus jeder Leitung trinken, an jeder Bude auf der Straße essen und kriegen nie etwas. Meine Mutter ist so. Sie probiert alles. Sie ist der einzige Mensch, der sich beim Flugpersonal mit dem Satz verabschiedet: »Kompliment an Ihren Koch.«

Ich muß wieder daran denken, wie sie bei unserer Rückkehr aus Mazatlan in eine Drogerie ging und sich ein Mittel gegen Verstopfung besorgte.

Wenn das nicht krankhaft ist!

Reisen mit den Eltern

Vor einigen Jahren arbeitete ich als Reisekorrespondentin für die ABC-Sendung »Good Morning America« und fuhr zum Grand Canyon, um einen Bericht darüber zu machen, daß es in Nationalparks nicht genug Einrichtungen für Behinderte gibt. Diese Parks gehören uns allen. Wer durch Krücken oder einen Rollstuhl eingeschränkt ist, sollte trotzdem Spaß am Erleben des Naturparks finden können.

Um das deutlich zu machen, saß ich mit einem jungen Blinden von der Universität »Northern Arizona« auf einem Felsvorsprung. Ich fragte ihn, was er auf seinem Abstieg in den Canyon »gesehen« habe.

Mir kamen die Tränen, als er beschrieb, wie er die großen Felsen mit den Armen umspannte, um die Sonnenwärme zu spüren, die diese bis tief in die Nacht speicherten. Er erzählte von den Schreien der riesigen Greifvögel, die über seinem Kopf kreisten, und die Kühle, wenn ihr Schatten auf ihn fiel. Das Echo ihrer Schreie gab ihm Hinweise auf Ausmaße und Tiefe des Canyons. Er spürte, wie der Wind durch das Unterholz am Wanderpfad strich und kühle Feuchtigkeit aus dem ruhelosen Fluß mit sich trug, der sich sein Bett in den Talboden gegraben hatte. Er entwickelte sogar ein Gespür für die unterschiedliche Schichtung des Gesteins, in dem Zeit und Gletscher ihre Spuren hinterlassen hatten.

Als er geendet hatte, schwor ich mir, nie wieder davon zu reden, daß Menschen zu alt oder zu behindert sein könnten, um zu reisen und den Ort, wo sie sich gerade befanden, zu genießen.

Als meine Eltern noch jünger waren, sind sie viel gereist.

Als es meinem Vater später schwerzufallen begann, sich zu bewegen, hatten sie verkündet, die Zeit ihrer Reisen sei nun vorbei.

Ich war der Ansicht, sie seien noch zu jung, um ihre Reisepässe einfach in die Schublade zu legen, und sagte ihnen das auch. Warum sollten sie zu Hause herumsitzen und ein schönes Leben haben, während wir unsere Koffer mit Fußtritten durch Abfertigungsschlangen bugsierten, in Reisebusse ein- und ausstiegen, Einreiseformulare ausfüllten und mit der Landessprache kämpften. Außerdem waren uns auf unseren Reisen zu viele ältere Menschen aufgefallen, die über Felsen stiegen, auf Kamelen ritten, Berge bestiegen und der beste Beweis dafür waren, daß es möglich ist, die Welt zu sehen, wenn man es nur wirklich will.

Meine Mutter hatte geantwortet, es wäre nett, wenn wir mit ihnen zusammen in Urlaub fahren würden, aber wir sollten eine einfache Reise buchen. Etwas nicht zu Ausgefallenes, das für uns noch interessant genug sein würde und für sie nicht zu anstrengend.

»Ich hatte gehofft, daß du das sagen würdest«, erklärte ich.

»Also – wo fahren wir hin?«

»Den Amazonas runter.«

Bevor Sie jetzt aber vollkommen amateurhaft loslegen und Ferien mit Ihren Eltern planen, sollten Sie sich ein paar Fragen stellen und diese ehrlich beantworten.

- Trug Ihre Schwiegermutter auf Ihrer Hochzeit Trauerkleidung?
- Streiten Sie sich bis heute mit Ihrer Mutter darüber, ob ein Dreijähriges noch an einem Schnuller nuckeln darf?
- Sagen Ihnen Ihre Eltern noch, Sie sollen sich bei Tisch gerade halten und nicht mit vollem Mund sprechen?

– Haben Sie irgend etwas gemeinsam außer der Tatsache, beide denselben Planeten zu bewohnen?

Zum Glück mochten wir vier uns wirklich und kamen auf der Reise gut miteinander aus.
Wir flogen nach Manaus, wo die dunklen Wasser von Brasiliens Rio Negro auf das schlammige Wasser des Rio Solimoes treffen, um den Amazonas zu bilden. Dann stiegen wir auf ein Kanu um, mit dem wir uns einen Weg durch Kakaobäume, Gummiplantagen und Kanäle mit riesigen Wasserlilien und tropischen Vögeln suchten. Das Tempo war eigentlich recht gemächlich, aber nach der Rückkehr in die Stadt ging meinem Vater die Puste aus. Einkaufen steht für ihn auf einer Stufe mit Tortenwerfen. Er schlug also vor: »Ich warte auf der Parkbank hier auf euch. Laßt euch Zeit.« So begann das Privatabenteuer meines Vaters. Von diesem Augenblick an lebte er sein eigenes Urlaubsleben. Während er seine Nachmittage auf der Bank verbrachte, unterhielt ihn ein Schlangenbeschwörer, beteiligte er sich an einer politischen Debatte und wurde von zwei leichten Mädchen angemacht.
In jeder Stadt, die wir besuchten, auf jedem Ausflug, den wir machten, suchte er sich einen Fleck im Zentrum, wo er alles, was in der Stadt vor sich ging, mitbekam. Wenn wir wissen wollten, was los war, fragten wir ihn.
Er wollte unbedingt die achtunddreißig Meter hohe Christus-Erlöser-Statue sehen, die auf einem Gipfel über Rio aufragt. Aber die Bahn brachte uns nur einen Teil des Wegs nach oben. Den Rest mußte man gehen. Das war anstrengend für ihn.
Wir brauchten fast eineinhalb Stunden, bis wir oben anlangten, aber für ihn war das ein persönlicher Triumph, genau wie die ganze Reise. Er und meine Mutter stellen den Beweis ihrer Mühen im Küchenregal aus. Sie hatten

einen Schnappschuß von sich machen und ihn auf den kitschigsten Souvenirteller von ganz Südamerika drukken lassen. Sie bezahlten fünfzehn Dollar dafür. Als Erinnerungsstück ist er unbezahlbar.

Ferien sind immer eine Reihe von »Momentaufnahmen«, von besonderen Erlebnissen, an die wir uns später erinnern, weil sie herausragen aus dem schnöden Anliegen, von einem Ort zum anderen zu gelangen.

Von da an unternahmen wir öfter gemeinsame Reisen. Es war eine Zeit der Entdeckung – nicht nur auf fremde Länder bezogen.

Ich fand heraus, daß meine Mutter in der Lage war, selbst mit einem Straßenschild eine Unterhaltung anzufangen. Für sie gab es keine Fremden. Eines Tages »schwatzte« sie auf einer Bootsfahrt in der Nähe von Rio mit einer Familie aus Argentinien. Mutter hatte ein Halstuch über den Mund gezogen und zwei imaginäre Trommelrevolver in den Händen, und die Argentinier nickten, als verstünden sie, wovon sie redete. Ich kann bloß vermuten, daß sie ihnen erzählte, daß sie aus Arizona kam, der Heimat der Cowboys und Indianer. Genausogut war es aber auch möglich, daß sie ihnen von dem miserablen Essen erzählte, das ihr ein Wirt in Rio vorgesetzt und dafür einen überhöhten Preis genommen hatte und wie sie ihn am liebsten umgebracht hätte.

Mein Vater hat nie begriffen, wie in Irland »Bed and Breakfast« funktioniert. Als wir in die Einfahrt eines Privathauses fuhren, sagte er: »Ich will diesen Leuten nicht auf die Nerven fallen. Gehen wir doch in ein Hotel.« Ich versuchte ihm zu erklären, genausogut könne er in ein Hotel gehen und sagen: »Hören Sie, wenn Sie gerade zu tun haben, dann übernachten wir einfach im Auto und essen einen Schokoriegel.«

»Die Leute verdienen hier damit ihren Lebensunterhalt«,

erklärte ich. »Die wünschen sich Gäste. Schau sie dir an. Sie kommen zur Begrüßung raus ans Auto und lächeln.«
Er war immer noch nicht überzeugt. Er ging auf sein Zimmer und ließ sich nicht mehr blicken, bis wir das Auto am nächsten Morgen wieder beluden. Dann entschuldigte er sich bei den Iren dafür, daß er zwei Handtücher benutzt hatte. Soviel zur internationalen Verständigung.
In Spanien sagte ich eines Tages zu meinen Eltern: »Habt ihr Lust, in Barcelona einen Stierkampf zu sehen?«
»Ich habe so was schon mal im Fernsehen gesehen«, meinte mein Vater. »Mir ist das zu blutig.«
»Du magst doch Ava Gardner, oder?«
»Ja.«
»Ava Gardner liebte Stierkämpfe.«
»Wirklich?«
»Sie hat nie einen verpaßt«, sagte ich.
»Vielleicht schaffen wir einen«, meinte er zögernd.
Eigentlich sollten an diesem Tag sechs Stierkämpfe stattfinden, und wie ein Kind, aus dem schließlich eine Mutter wird, brachte ich meine Eltern zu ihren Plätzen und belehrte sie: »Denkt daran, daß der Stierkampf in diesem Land fast etwas Heiliges ist und daß die Spanier das Ganze nicht mit dem gleichen Abscheu wie wir Amerikaner sehen. Das müssen wir respektieren. Ich bitte euch, bloß keine Kommentare abzugeben wie ›Was für Tiere sind diese Menschen?‹ oder ›Was würden die wohl davon halten, wenn ihnen Stiere im Torerokostüm Speere in den Nacken stoßen würden?‹ Klar?«
Sie nickten gehorsam.
Als der erste Stier losgelassen wurde, sagte Mutter laut: »Du armer Kerl. Wenn du wüßtest, was ich weiß.«
»*Mutter!*« pfiff ich sie an.

»'tschuldigung«, sagte sie.
Als genau unter uns auf der Tribüne einer Frau ein abgeschnittenes Bullenohr überreicht wurde, schüttelte mein Vater unwillig den Kopf.
»Das ganze Fleisch geht ans Waisenhaus«, erklärte ich und klopfte beruhigend auf seine Hand.
Bei den nächsten fünf Stierkämpfen hörten wir keine Bemerkung mehr von meinen Eltern. Kein Sterbenswort. Als ich mich umdrehte, um ihnen zu sagen, es sei Zeit zu gehen, saßen beide mit geschlossenen Augen da.
Man hält sich im Urlaub nie lange damit auf, was man nicht tun kann, man macht das, was möglich ist. Mein Vater brauchte in Schottland nicht auf dem Golfplatz St. Andrews zu spielen. Es reichte ihm, ihn zu sehen. Er brauchte nicht in Irland über die Klippen von Moher zu streifen. Es genügte ihm, den Dunst der Gischt im Gesicht zu spüren und die Vögel hin- und herschießen zu sehen. Indem er einfach auf Parkbänken, Parkplätzen, Mauern und in Straßencafés herumsaß, nahm er womöglich mehr vom Flair des Landes auf als wir.
Ich möchte noch bemerken, daß mein Vater nicht ein einziges Foto machte. Das brauchte er nicht. Sein Gedächtnis war ein Album der Augenblicke, das ihm kostbar blieb bis zu dem Tag, an dem er starb.

Toiletten

1984 besuchte ich das NASA-Zentrum für bemannten Raumflug in Houston, um für die Sendung »Good Morning America« einen Bericht über die Raumfähre zu machen. Wenn das der Reisebus der Zukunft sein sollte, mußte ich die wichtigste Sache daran in Erfahrung bringen: »Wo ist die Toilette?«
Den meisten Leuten wird das möglicherweise unbedeutend vorkommen, aber wenn Sie mich fragen – der Klempnerberuf ist der Schlüssel zur Weltmacht. Er ist der eine gemeinsame Nenner von größter Wichtigkeit für alle, die auf diesem Planeten wohnen.
Kaum auszudenken, welchen Prestigegewinn das Land genießen wird, das eine Toilette auf den Markt bringt, die problemlos funktioniert.
Toiletten sind im zweiten Jahrhundert von den Römern erfunden worden. Gleich am nächsten Tag wurde das Schild »TOILETTE VERSTOPFT/WEGEN REPARATUR GESCHLOSSEN« erfunden.

Ein Mitarbeiter der NASA-Presseabteilung führte mich durch das Raumschiff zu einem großen Sitz, der aussah wie der elektrische Stuhl. Er hatte einen großen Sitzgurt und Riemen für Kopf und Fuß, um der Schwerelosigkeit entgegenzuwirken.
»Das ist das Weltraumklo«, erklärte er.
»Funktioniert das denn?« fragte ich.
»Nicht besonders«, sagte er zögernd. »Wir schlagen uns da noch mit einer Menge Macken herum.«
Fünf Jahre Entwicklungsarbeit und zwölf Millionen Dollar an technischen Kosten waren in diese Vorrichtung in-

vestiert worden, und sie funktionierte immer noch nicht richtig.

Die Vorstellung, andere Planeten zu erkunden, finde ich sicher so aufregend wie andere Leute auch, doch bevor es da nicht ein Klo gibt, das funktioniert, oder einen Weltraumklempner, der notfalls auch am Sonntag kommt, fliege ich nicht mit.

Istanbul

Istanbul ist eine Stadt in der Türkei – reich an Geschichte, geheimnisvoll, voller Sehenswürdigkeiten. Eine Stadt, in der sich das Flair der Alten Welt hartnäckig hält. Und das vor allem bei den Toiletten.

Toiletten sind für Männer nicht so wichtig wie für Frauen. Auf Reisen beschäftigen sich Männer mit Ruinen, die die Jahrhunderte überdauert haben, mit Palästen, ihren Geheimnissen und heiligen Stätten, die das Schicksal eines Landes beeinflußt haben.

Frauen würden sich für all das auch interessieren, wenn sie Zeit dafür hätten. Statt dessen müssen sie sich darauf konzentrieren, auf ein Pedal zu treten, an einem Griff zu rütteln oder hinten am Spülkasten einen Knopf zu drücken, als jage man einen Zug in die Luft.

Istanbul bietet das überwältigendste Toilettenerlebnis. Ich weiß gar nicht, wo ich anfangen soll. Ich werde mit meinem Rücken anfangen. Wegen einer verrutschten Bandscheibe hatte ich vor der Reise nach Istanbul vier Monate im Bett gelegen. Das ist wichtig, um zu begreifen, warum ich kaum Kraft in den Beinen hatte.

Auf die Beinmuskeln kommt es in Istanbul nämlich an, weil sämtliche Toiletten aus nichts weiter als einem Loch im Boden und zwei kleinen geriffelten Fußabdrücken bestehen. Es gibt nichts zum Festhalten. Wenn Sie erst mal da unten hängen, gibt es nichts mehr zu lachen.

Sie wissen nicht, was wahre Verzweiflung ist, wenn sie noch nie in Istanbul auf einem (au Backe!) feuchten Toilettenfußboden auf Ihren Hintern gefallen sind, während sich die Türken ungerührt Ihre Hilferufe anhören.

Seit Jahren warte ich auf einen Reiseführerautor, der den

Mut hat, ein Toilettenhandbuch herauszugeben, das uns auf die »örtlichen Gegebenheiten« im Ausland vorbereitet. Statt dessen drücken sich alle um das Thema, als sei es vollkommen unwichtig. Für Frauen ist es aber mindestens so wichtig wie die Luft zum Atmen und ein gültiger Paß.

Man sollte uns vorher informieren, ob Toiletten hier »loos« oder »W.C.s« genannt werden. Wir sollten wissen, ob wir eigenes Klopapier mitbringen müssen, in welchen Ländern sich Männer und Frauen das Klo teilen, und wieviel Geld es kostet, bevor man es benutzen kann.

Wäre ich entsprechend informiert gewesen, hätte ich nie in einem kleinen afrikanischen Dorf den Mann von der Tankstelle nach dem Schlüssel zu seiner Toilette gefragt.

Er sah mich an, als hätte ich gerade um die Schlüssel zum Paradies gebeten. Dann grinste er und zeigte auf den Busch um uns herum. Ich lehnte dankend ab.

Ein paar Kilometer von der Tankstelle entfernt bat ich unseren Fahrer, am Straßenrand zu halten. Als ich die Schiebetür öffnete, warnte er mich: »Achten Sie auf Löwen im Straßengraben. Die legen sich da gern zum Schlafen hin.«

Ich zögerte.

»Ach – und wenn Sie sich einen Baum aussuchen«, fügte er hinzu, »schauen Sie vorher nach oben, um sicher zu sein, daß da nichts drin sitzt.«

Wenn mir jemand eine Woche zuvor gesagt hätte, daß ich einen Mann, den ich erst seit zwölf Stunden kannte, bitten würde, mich zur Toilette zu begleiten, hätte ich gesagt, der ist verrückt.

Die Toiletten in den Vereinigten Staaten sind allerdings auch nicht gerade ein Vorbild für den Rest der Welt. Auf den meisten Toiletten im Ausland stehen die Buchstaben

WC – Wasserklosett. Das läßt sich ja noch kapieren. Aber stellen Sie sich einen Ausländer vor, der in die USA reist und die kleinen Symbole zu entziffern versucht, die wir auf den Türen von Toiletten anbringen. Ich selbst habe schon Schwierigkeiten damit. Es gibt da Señores – Señoras, Messieurs – Mesdames, Cowboys – Cowgirls, Häuptlinge und Squaws, Tarzan und Jane.
Manche Schilder sind noch phantasievoller. Es gibt auch Susi und Strolch, Samson und Delilah, Romeo und Julia, Scarlett und Rhett.
Seit mein Mann mich, als ich einmal meine Brille vergessen hatte, dabei ertappte, wie ich die Nase gegen eine Toilettentür drückte, die Umrisse einer kleinen Figur in einem Reifrock zu entziffern versuchte und mich schließlich erkundigte, ob das ein Rock oder doch ein Männchen mit einem Cape sein sollte, inspiziert er den gewissen Ort immer zuerst.
Ich hasse es, wenn Toilettenschilder nach Tieren benannt sind. In Biologie war ich schon immer eine Niete. Mit Hengsten und Stuten, Hühnern und Hähnen komme ich ja noch ganz gut klar. Aber eines Abends wußte ich den Unterschied zwischen einem Widder und einem Schaf nicht mehr. Das Restaurant können wir nie wieder betreten.
Die Benutzung der meisten amerikanischen Toiletten ist wenigstens kostenlos. Im Ausland ist das oft nicht so.
In Istanbul wird jede Toilette von einem kleinen alten Mann bewacht, der an einem kleinen Tisch sitzt und mindestens einhundert türkische Pfund für die Benutzung eines abgeriegelten Lochs verlangt, wo es kein Papier, keine Handtücher und keine Seife gibt und man nicht tief durchatmen sollte.
Ich habe neulich in der Zeitung gelesen, daß die Sowjets mit dem Kapitalismus so weit gegangen sind, daß sie un-

weit vom Roten Platz eine erste gebührenpflichtige Toilette eingerichtet haben. Doch mit diesen Geschäften ist kein Geld zu verdienen. So grausam oder dumm sind Kapitalisten nicht. Zeigen Sie mir eine Münztoilette in den Vereinigten Staaten, und ich zeige Ihnen, wie eine Frau in Escadahosen auf dem Bauch unter der Tür durchrobbt, um keine zehn Cents zahlen zu müssen.

Wir hatten neulich Besuch von einem Ehepaar. Sie fuhren das erste Mal nach Europa. Mein Mann lächelte und sagte:»Was ihr für ein Glück habt! Erma führt Tagebuch. Vielleicht kann Sie euch etwas über Sehenswürdigkeiten erzählen.«

»Wir kommen in London an«, zwitscherte die Frau.

Ich blätterte meine Notizen durch.»Dort heißen sie ›loos‹, meine Liebe. Haben Kettenzug. Nimm dein eigenes Papier mit. Kommt ihr auch durch Deutschland? Die Toilette an der Lorelei war ganz in Ordnung. Handtuchrolle war ziemlich schmutzig. In dem Kaufhaus in Berlin dagegen ...«

»Was hast du denn über den Eiffelturm?« fragte die Bekannte und rückte näher.

»In der Eiffelturmtoilette gab es Seife und Klopapier, aber die Schlangen waren so lang, daß man davon Nierenversagen hätte kriegen können. In der Schweiz waren die Spiegel blitzblank, und alle Schlösser an den Türen funktionierten.«

»Stimmt es, was man über Italien hört?«

»Wort für Wort«, sagte ich. »Kein Papier, Graffiti ...«

Die Männer starrten uns verständnislos an. Für sie sind Toiletten ein Ort, wo man schnell rein- und schnell wieder rausgeht. Für Frauen bedeutet es, einen halben Tag anstehen und mit lästigen Kleidern kämpfen. Komisch, aber Männer fragen sich nie, warum Frauen bei öffentlichen Veranstaltungen nie die Ouvertüre oder die Nationalhymne mitkriegen, nie sehen, wie sich der Vorhang zum zweiten Akt hebt, oder auch nur in den Genuß kommen, sich ihren Platz zu suchen, solange das Licht noch an ist. Was glauben die denn, was wir da drin machen? Die Zeit totschlagen?

Doch zurück nach Istanbul. Wir verbrachten dort eine Woche. Nach unserer Rückkehr beeindruckte mein Mann seine Freunde mit Erzählungen von seiner Bootsfahrt über den Bosporus, wo die Stadt zur Hälfte in Asien, zur Hälfte in Europa liegt, seinem Besuch in der Blauen Moschee und im Gewürzbasar.

Ich spreche immer noch von dem üppigen weißen Marmorpalast von Dolmabahce. Hätte sich der Sultan bei dem ganzen Geld nicht wenigstens ein vernünftiges Klo leisten können?

Katalogversprechungen

Zu der einfallsreichsten Belletristik, die heute geschrieben wird, gehören die Reisekataloge. Sie rangieren da gleich neben James Michener oder Ken Follett.
»Abends lehnen Sie sich zurück und genießen eine romantische Gondelfahrt in Venedig.« Das ist der Traum, der Menschen vorschwebt, die jeden Morgen im Stau stehen und Kaffee aus einem Styroporbecher trinken.
Wir träumen davon, in einem Boot zu liegen, in den Armen unseres Mannes (der in der Abenddämmerung zwanzig Jahre jünger wirkt), während ein Gondoliere, der aussieht wie Placido Domingo, eine Serenade für uns singt.
Wahrscheinlich ist im Prospekt einfach vergessen worden, darauf hinzuweisen, daß diesen Sommer Touristen und Gondoliere Atemschutzmasken tragen, um den Geruch verfaulender Algen auszufiltern, an denen die Fische sterben.
In Katalogen ist der Reisebus immer ein »Superluxusbus«, Hotelzimmer bieten immer Meerblick, und jedes Restaurant hat ein ganz besonderes Flair.
Die folgenden Sätze habe ich direkt aus dem Reisekatalog entnommen. Keiner hält, was er verspricht.
»AUF DER KREUZFAHRT DURCH NORWEGENS FJORDE GENIESSEN SIE GERÄUMIGE SUITEN.«
Daneben ist das Bild einer Frau im Abendkleid zu sehen, die an einem kleinen Tisch sitzt, während ihr Mann im Smoking ihr ein Glas Sekt einschenkt. Was das Foto nicht zeigt, ist die Tatsache, daß Sie den Tisch auf das Sofa hieven müssen, bevor Sie die Kabinentür öffnen können, daß der Mann auf dem Klodeckel sitzt, daß der Raum unter der Wasserlinie liegt, hinter den Fenstervorhängen kein

Bullauge, sondern eine Wand ist und die beiden nicht größer sein können als Gartenzwerge.

»BRINGEN SIE AUSREICHEND FILMMATERIAL MIT, HIER WERDEN SIE DAS LETZTE JAVANASHORN FOTOGRAFIEREN. WILDSCHWEINE, TIGER, AFFEN UND 200 VOGELARTEN ERWARTEN SIE.«

Nichts als Versprechungen! Ich habe es mir entgehen lassen, eine Kuh aufzunehmen. Schade, denn das war das einzige Tier, das ich zu Gesicht bekommen habe.

»MAN KÖNNTE LEICHT MEHRERE TAGE DAMIT VERBRINGEN, DIE MEHR ALS 86000 AUSSTELLUNGSSTÜCKE DES MUSEUMS ZU BESICHTIGEN.«

Schade, schade – denn unser Bus hat hier bloß zwanzig Minuten gehalten.

»LATEINAMERIKANER HABEN EINEN ANDEREN LEBENSRHYTHMUS ALS WIR AUF DER NÖRDLICHEN HALBKUGEL.«

Stellen Sie sich zum Abendessen besser den Wecker.

»DER SATZ FÜR ›BRINGEN SIE MIR BITTE TRINKWASSER‹ LAUTET ›LETE MAJI YA TAFADHALI KUNYUA‹.«

Wenn Sie sich diesen Satz merken können, sind Sie sicher auch schlau genug, das Wasser nicht zu trinken.

»DEN NACHMITTAG HABEN SIE FREI FÜR EINEN EINKAUFSBUMMEL.«

Das ist ein Widerspruch in sich. Einkaufen bedeutet Arbeit, wenn man es richtig macht.

»ESSEN FÜR ABENTEUERLUSTIGE.«

Das können Sie auch bei mir zu Hause bekommen, wenn mein Mann mal kocht.

»SCHWIMMEN SIE NIEMALS ALLEIN RAUS, WENN SIE HAIE IN DER NÄHE VERMUTEN.«

Also was machen Sie? Mieten sich einen Kumpel, der aufpaßt?

Besonders achtgeben muß man, wenn Reisen im Prospekt

mit dem Zusatz »FÜR INDIVIDUALISTEN« angepriesen werden.
Fast ein Jahr lang hat mein Mann einen Katalog studiert, in dem eine Expedition nach Alaska angeboten wurde. Man würde auf einem Boot fahren, wilde Tiere sehen und fischen. Auf der Fahrt würde uns ein Buckelwal vorwegschwimmen. Wir würden die Paarungszeit der Robben erleben und Inseln besichtigen, die reich an Wasservögeln waren. Riesige Lachse würden ins Boot springen und Bären und Elche am Strand Spalier stehen, um uns im Vorbeifahren zu winken.
Mein Mann war wie ein Kind, das Weihnachten nicht mehr erwarten konnte.
Mein mißtrauischer Blick fiel immer wieder auf das Kleingedruckte »BITTE BEACHTEN SIE« auf der letzten Seite des Katalogs. Da stand: »Auf dieser Expedition werden einzigartige, teils unerforschte Gebiete besichtigt. Deshalb können, wo notwendig, Änderungen im Reiseverlauf eintreten, falls das für Komfort und Wohlergehen der Passagiere ratsam sein sollte. Ihr Führer ist ein erfahrener Expeditionsleiter und wird eine gute Alternative anbieten, falls eine Änderung notwendig ist.«
Jedesmal, wenn ich das las, überlief es mich kalt.

Out of Alaska

Ich esse wirklich gerne Lachs, aber muß man deswegen gleich eine Expedition nach Alaska machen? Nachdem ich schon beim Lesen des Reiseprospektes ungute Gefühle bekam, hätte ich mich niemals auf das Unternehmen »Lachsexpedition« einlassen dürfen. Nun war es zu spät.

Auf der Fahrt von der Insel der Trübseligkeit ins Land des Vergessens legte unser Schiff kleine Zwischenstops in Langweil-City und St. Schnarchsack ein, die Passagiere waren ständig kurz davor, zu meutern, und der Kapitän kümmerte sich einen Dreck um uns.

Mein Mann hatte uns eine Passage auf diesem öden Schiff gebucht, weil ihn allein das Wort »Expedition« zu Begeisterungsstürmen hinriß. (Sie erinnern sich doch noch an den Reiseprospekt?) Er stellte sich wahrscheinlich vor, er sei Bernhard Grzimek, der vom Hubschrauber aus mit einem Betäubungsgewehr auf ein Nashorn zielte. In seinen Träumen war er Jacques Cousteau, wie er windzerzaust auf der Calypso steht und in Tahiti einläuft. Als die wirklich schlimmen Halluzinationen einsetzten, war er Robert Redford im Bett mit Meryl Streep in dem Film »Out of Afrika«.

Mir wäre »Out of Alaska« ebenso recht gewesen. Ich hätte diese Reise gern ausgelassen. »Sei nicht albern«, sagte Robert Redford. »Du mußt ja nicht fischen. Es gibt noch zwei andere Gruppen: die ›Wildlife Explorers‹ und das ›Flora-und-Fauna-Team‹. Das wäre doch was für dich.«

»Das hört sich an wie ein Sketch von Monty Python«, bemerkte ich.

»Du spinnst! Glaub mir, das wird bestimmt ganz toll. Wir reden hier ja nicht von einem stinkigen Fischerboot. Das

ist doch ein Luxusschiff mit Fitneßraum, großartiger Küche und freien Tagen nur zum Entspannen.«
An dem Tag, als unsere roten Allwetterparkas mit den Abzeichen ankamen, dazu Rucksäcke, Schirmmützen und wasserfeste Stiefel, dachte ich, er fällt vor Freude gleich in Ohnmacht.
Ich selbst stellte mich in voller Montur vor den Spiegel. Ich konnte mich kaum aufrecht halten – geschweige denn mich bewegen. Von hinten sah ich aus wie ein Mumienschlafsack auf zwei Beinen.
Die Reise war vom ersten Tag an zum Scheitern verurteilt. Fairerweise muß ich sagen, daß es kaum dem Reiseveranstalter anzulasten war, als Stürme uns schon in Nome daran hinderten, an Bord zu gehen. Die Einheimischen öffneten uns ihr Herz und ihre Häuser und stellten sogar Busse zur Verfügung, damit wir Nomes einzigen Baum sehen konnten, der im Wind noch aufrecht stand. Am nächsten Morgen wurden wir in Bussen nach Teller gebracht.
Das Schiff lag vor der Küste vor Anker und stampfte so schlimm, daß wir buchstäblich angeseilt mit Aufzügen und Kränen an Bord gehievt werden mußten. Am ersten Abend war keine Zeit für freundliche Floskeln. Uns allen war so übel, daß wir nur noch den Kopf übers Klo halten konnten. Über Lautsprecher wurde uns mitgeteilt, daß in fünf Minuten eine Übung an den Rettungsbooten stattfinden sollte. Drei Leute fanden sich ein. Ich gehörte nicht dazu.
An diesem ersten Abend gab es niemand, der den Kapitän aufrecht stehend hätte begrüßen können.
Als wir uns früh am nächsten Morgen noch an unsere Betten klammerten, kam wieder eine wichtige Ankündigung über den Lautsprecher. Da so viele von uns den Rettungsboot-Probealarm am Tag zuvor verpaßt hatten, wurde uns

geraten, uns die Schwimmwesten zu schnappen, sobald wir die Schiffsglocke fünfmal läuten hörten, und uns darauf vorzubereiten, das Schiff zu räumen.

Am zweiten Tag krabbelten wir alle aus unseren Kabinen und versuchten, gesellig zu sein. Das war nicht einfach. Das Schiff war in drei grundverschiedene Interessengruppen gespalten. Die Amateurzoologen trugen Feldstecher um den Hals und schleppten ständig Notizbücher mit sich herum. Einer von ihnen erzählte mir mit leuchtenden Augen, daß er drei Jahre lang auf sein Mittagessen verzichtet und das Geld gespart hätte, um auf dieser Expedition einen Fregattvogel beim Balzritual zu sehen. (Ich machte mir ehrlich gesagt Sorgen, als ihm sein Steakmesser ausgehändigt wurde.)

Die Pflanzenfreunde schleppten Kameras mit sich herum, deren Objektive Kanonenrohrformat hatten. In ihren Rucksäcken trugen sie großformatige Bildbände über Blumen und Bäume.

Die Angler hatten Haken in ihren Hüten stecken und verglichen Köder wie kleine Jungs, die Frösche in der Tasche hatten.

Laut Katalog sollten alle drei Gruppen auf ihre Kosten kommen. Den Amateurzoologen war eine Unmenge an seltenen Tieren versprochen worden: sie sollten Wale, Seeotter und Bären sehen. Die Pflanzenfreunde waren gekommen, um durch den Regenwald des Nordens zu stapfen und die Küste von Alaska auszukundschaften. Den Anglern war garantiert worden, sie würden mehr Lachse fangen, als sie im Leben überhaupt essen könnten.

Ich habe in meinem ganzen Leben keine Menschen gesehen, die so von ihren jeweiligen Steckenpferden geritten wurden. Auf den bloßen Zuruf »Wal gesichtet!« leerte sich der ganze Speisesaal, und das Schiff neigte sich gefährlich nach einer Seite.

Von morgens bis abends trafen sich Gruppen in abgedunkelten Räumen, um sich Dias von Seelöwen bei der Paarung anzusehen. Beim Frühstück kritzelten sie indianische Steinzeichnungen in ihre Notizbücher, und im Salon hörten abends die Sportfischer begeistert zu, wenn aus Tagebüchern von Fischfangexkursionen vorgelesen wurde.

Alle halbe Stunde versammelte sich die eine oder andere Gruppe, um eine Seehundkolonie zu sehen, eine Angelschnur auszuwerfen oder irgendwo Felsen umzudrehen.

Können Sie sich vorstellen, wie es ist, in der Mitte von alldem der einzige oberflächliche Mensch zu sein? Eine Frau, die beim Blick durch den Feldstecher nur die eigenen Wimpern sah? Die Dolly Varden für eine Country-Western-Sängerin und nicht für eine Forelle hielt und dachte, mit dem dunkeläugigen Junco wäre einer der Passagiere gemeint und nicht ein nordamerikanischer Fink.

Aber das wirklich Traurige an der ganzen Sache war, daß niemand Tiere zu sehen bekam, niemand irgendwelche Naturschönheiten erblickte und niemand Fische fing. Es war so, als trieben wir in einem Niemandsland der Meere dahin.

Am Morgen des dritten oder vierten Tages ging ich los und suchte den Fitneßraum. Ich folgte den Richtungsangaben eines Mitglieds der Besatzung und öffnete vorsichtig eine schmale Tür, auf der »FITNESS« stand. Der Boden war vollständig mit Matratzen ausgelegt. Mitten im Raum lagen zwei Mitglieder der Besatzung mit freiem Oberkörper, die ich aus tiefem Schlaf geweckt hatte, und schnauzten: »Was wollen Sie denn?« Schnell zog ich die Tür wieder zu.

Dieses Erlebnis weckte meinen Kampfgeist.

»Weißt du, was ich machen werde?« fragte ich meinen

Mann. »Ich maschiere jetzt direkt ins Quartier des Kapitäns und halte ihm diesen Katalog unter die Nase und sage: ›Hören Sie mal gut zu ...‹«
»Das wirst du nicht tun«, entgegnete mein Mann sanft. »Falls du dich beschweren willst, kannst du dich außerdem hinter Frau Syckle anstellen, die nicht aufgehört hat zu schreien ›Ich will Bären sehen‹, seit sie an Bord dieses Schiffs gekommen ist. Die Sportfischer zetteln eine Meuterei an, um ihren Betreuer loszuwerden, und Joan hat den Kapitän heute früh gegen einen Feuerlöscher geschubst. Alles, was ich verstehen konnte, war: ›Nein, Sie verstehen es eben nicht.‹ Ich habe für diese Reise meine gesamten Ersparnisse ausgegeben! Hier sind alle allmählich sauer – wenn dich das tröstet.«
Eines Abends lag ich in meiner Koje und las, als plötzlich die Schiffsglocke läutete – genau fünfmal. Ich war selbst von meiner Reaktion überrascht. Ich war erleichtert und sagte zu mir selbst: »Gott sei Dank, wir sinken.« Ich griff mir die Schwimmweste, machte die Tür auf und sah den ersten Offizier vorbeirasen. In diesem Augenblick knallten direkt vor unserer Tür die Sicherheitstüren zu, so daß er nicht weiterkam. Er drehte sich um und lief zum anderen Ausgang.
»Müssen wir das Schiff räumen?« schrie ich ihm hinterher.
»Hoffentlich nicht!« schrie er zurück.
Enttäuscht sank ich wieder in meine Koje zurück. Das war mal wieder einer von den Tagen, wo nichts klappt.
Später gab es eine Mitteilung, daß jemand im Fitneßraum geraucht (wo sonst, wenn nicht dort?) und so den Rauchmelder ausgelöst hatte, worauf die Schiffsglocke den Alarm »Alle Mann von Bord« gab. Das war meine letzte Hoffnung gewesen, von diesem Kahn zu kommen, bevor ich vor Langeweile starb.

Es wurde schnell klar, daß die Schönheiten Alaskas uns verborgen bleiben sollten. Beim Iliasi Pass hatte man uns einen Blick auf frische Lavaströme versprochen, falls das Wetter gut sei. War es nicht. Man köderte uns mit der Aussicht darauf, Tlingit-Kunst in einem Museum in Klawock zu kaufen. Es hatte geschlossen. Wir sollten nach Cordova fahren, um die Brücke zu sehen, die eine Million Dollar gekostet hatte. Zweihundertfünfzigtausend Dollar davon hatten Gletscher mitgerissen. Stündlich wurden die Sportangler mißmutiger, die Amateurzoologen fielen in eine Depression, und die Pflanzenfreunde begannen zu trinken.

Morgens bei unseren Besprechungen benahmen sich die Passagiere wie neunzig Geschwister, die alle besser ein Einzelkind geblieben wären. Ungefähr am zwölften Tag kündigte der Expeditionsleiter an: »Die Angler setzen wir um 14 Uhr 30 ab. Um sechzehn Uhr fassen wir die beiden übrigen Gruppen zusammen, um den Totem Park und eine Fischzucht zu besichtigen. Außerdem werden wir eine Vorstellung mit Volkstanz besuchen.«

Den Pflanzenfreunden war alles recht, aber die Amateurzoologen wurden ziemlich ausfallend. Ihnen war ein Film über die Kittiwake-Seehundkolonien in Aussicht gestellt worden, was einen beunruhigenden Einfluß auf sie auszuüben schien. Als die Sportfischer jedoch um 19 Uhr 30 wieder an Bord genommen wurden, ohne einen Fisch gefangen zu haben, beschlossen sie, ihren Betreuer auf der Stelle zu feuern. Diese Leute waren knallhart.

»Wo ist er denn?« fragte ich meinen Mann.

»Verschwunden«, entgegnete er lakonisch.

»Aber wir sind auf dem offenen Meer. Rundherum ist nichts als Wasser.« Ich konnte bloß vermuten, daß er auf einem treibenden Eisberg ausgesetzt worden war, denn wir bekamen ihn nie wieder zu Gesicht.

Ich verbrachte meine Zeit wechselweise mit allen drei Gruppen. Ich saß drei Stunden im kalten Regen und beobachtete einen braunen Fleck am Strand, von dem die Zoologen behaupteten, das sei ein Braunbär. Die Pflanzenliebhaber meinten, es sei ein Baumstumpf. Nachdem sich das Streitobjekt drei Stunden nicht vom Fleck gerührt hatte, wechselte ich zu der Baumstumpffraktion.
Meine Lieblingsgruppe waren die Sportfischer. Menschen, die sich für ihren Sport so einsetzen, sind schon bewundernswert. Sie saßen am Tisch und sponnen herum, wie sie schon den Lachs schmecken könnten, den sie in den nächsten Monaten fangen würden.
Die einzigen Angler, die ich bis zu diesem Zeitpunkt gekannt hatte, waren die aus der Fernsehserie am Samstagmorgen. Es gab immer einen Burschen namens Bubba, der in seinem Boot stand, das verlassen auf dem Wasser schaukelte. Er hatte einen Freund namens Roy, der ständig redete und Dinger losließ wie: »Ich habe noch nie einen Fisch geküßt, der Mundgeruch hatte, und du, Bubba?« Dann begannen beide unmäßig zu lachen. Und jedesmal, wenn sie die Angelschnüre auswarfen, fingen sie etwas. Jedesmal.
Bei den Sportanglern vor Alaska war alles ganz anders. Sie hockten stundenlang sauertöpfisch in ihrem Boot. Einmal bekam einer von ihnen einen Angelhaken in die Lippe. Mich hätte man, vollgepumpt mit Schmerzmitteln, zu einer einwöchigen Behandlung in die Mayo-Klinik ausfliegen müssen. Nicht ihn. Er hob einfach den Arm und sagte zu seiner Frau: »Bev, kannst du mir das mal eben rausziehen?«
Als mein Mann eines Morgens seine Anglerstiefel anzog, fragte er: »Was hast du in Cordova vor?«
»Ich glaube, ich gehe mit Gruppe A und sehe mir von der Millionen-Dollar-Brücke aus an, wie Gletscher kalben

(darunter konnte ich mir absolut nichts vorstellen). Andererseits wird sich Gruppe B eine Beobachtungsstation ansehen, wo Lachse mit Schallwellen gezählt werden, das fände ich auch ganz interessant.«

»Warum kommst du nicht mit Gruppe C? Wir wollen Forellen angeln und kriegen vielleicht bei Clear Creek einen Bären zu sehen.«

»Mir hat jemand erzählt, Gruppe A wandert auf dem McKiley Lake Trail und trifft sich mit den Gruppen B und C auf der Brücke«, sagte ich. »Außerdem wird die Gruppe B ganz schön beleidigt sein, wenn Gruppe C einen Bären zu sehen gekriegt hat und sie nicht.«

»Gruppe C hat sich ja auch nicht beschwert, als Gruppe A alle in den blöden Regenwald geschleift hat, wo Gruppe B wartete«, knurrte er.

»Die Gruppe A scheint dir ja wohl am meisten auf die Nerven zu gehen«, meinte ich.

»Du bist für mich die Gruppe A«, sagte er.

Ich stieg langsam nicht mehr durch.

Das hört sich alles verbissen an, aber mir ist seitdem oft der Gedanke gekommen, daß diese Kreuzfahrt als Expedition ein voller Erfolg war. Bei solchen Reisen erwarten die Teilnehmer im Grunde ihres Herzens, daß sie leiden müssen. Das ist Teil des Abenteuers. Das macht den eigentlichen Reiz aus. Kann man denn auf dem Mount Everest eine Flagge aufrichten und ohne Erfrierungen zurückkehren? Lassen sich die Quellen des Nils finden, ohne sich dabei wenigstens Malaria einzufangen? Und muß man als Angler nicht aus Alaska mit Lachs zurückkehren, der mindestens 516,12 Dollar das Pfund gekostet hat?

Arbeitsurlaub

Arbeit und Ferien miteinander zu verbinden – das hat bei mir bisher nie geklappt. Ärzte sind darin wahre Meister. Sie machen eine Kreuzfahrt, schwimmen den ganzen Morgen und faulenzen am Pool. Gegen vierzehn Uhr hören sie sich irgendeinen überflüssigen Vortrag an und lassen sich hinterher noch die neuesten Modelle für OP-Bekleidung vorführen. Dann wird bis zwei Uhr morgens getanzt und alles hinterher von der Steuer abgesetzt.

Es hat ein paar Gelegenheiten gegeben, bei denen ich mit dem Versprechen auf eine Lesereise gelockt wurde, ich hätte vor Ort auch freie Zeit zu meiner eigenen Verfügung. Von wegen. Versuchen Sie mal, drei Millionen Schafen in Neuseeland Bücher zu verkaufen, und dann sagen Sie mir, wieviel Zeit Sie noch haben.

Vor ein paar Jahren war ich einen Monat auf Lesetournee durch Australien. Ich fing in Perth an und arbeitete mich dann durch Australiens sieben Millionen sechshundertsechsundachtzigtausendvierhundertzwanzig Quadratkilometer.

Meinen Sie, ich hätte Mel Gibson getroffen? Colleen McCullough? Oder Crocodile Dundee, wie er ein paar Scampis auf den Grill legt? Meine Güte, ich hätte Sie für realistischer gehalten.

Naja, immerhin habe ich einen Koalabären zu sehen bekommen, einige warme Quellen, einen gestellten Maoritanz im Hotel und vom Auto aus zwei Känguruhs. Ach ja, und bei einer Fernsehdiskussion traf ich zufällig Jackie Collins.

Auch in London ist es mir nicht besser ergangen. Ich habe Leute von einem Turm erzählen hören, wo man sich die britischen Kronjuwelen ansehen könne. Man erzählte mir, es gäbe einen wunderschönen Fluß namens Themse, der mitten durch die Stadt fließt, und die Königin wohne in einem Palast mit Wachen davor.

Ich habe es nicht mal bis zu der Fabrik geschafft, wo diese Hüte hergestellt werden, die Prinzessin Di und Fergie aufsetzen, wenn sie wieder mal ein Baby kriegen. Und wo war ich die ganze Zeit? Ich steckte in einem Gebäude namens BBC. Jeden Morgen saß ich mutterseelenallein mit Kopfhörern in einem schalldichten Studio. Sobald ein rotes Licht anging, sagte ich: »Guten Morgen, Irland« oder »Guten Morgen, Wales« und erzählte von meinem Buch. Dafür war ich also beim Friseur gewesen.

Es kommt selten vor, daß einen der Beruf an einen Ort führt, wo man wirklich hin will. Und es geschieht doppelt so selten, daß die Arbeit einem Türen öffnet, die einem als Urlauber verschlossen blieben.

So war das in Rußland.

Rußland

Als mein Mann und ich 1977 unsere erste Reise nach Rußland machten, hatten wir das Gefühl, wir wären Strafgefangene, die nach Sibirien transportiert wurden. Wir wurden ständig bewacht, jedesmal nachgezählt, wenn wir auf die Toilette gingen, und von Intourist-Hostessen abgesondert. Unmöglich, daß wir uns mit einem sowjetischen Bürger normal hätten unterhalten können.
Sobald unsere Reisegruppe das Schiff in Leningrad verließ und wir den Zug »Roter Pfeil« nach Moskau nahmen, fühlten wir uns stets unter Kontrolle. Falls die normalen Russen sich für uns interessierten, zeigten sie das nicht. Ihre Blicke richteten sich auf den Boden vor ihnen. Wir wurden über den Roten Platz, durch Folklorevorstellungen und staatliche Läden gelotst. Wir wurden in abgetrennten Speisesälen bewirtet. Das Ganze erinnerte mich an meine Kindergartenzeit, als wir uns bei der Besichtigung des Flughafens alle an die Hand faßten und im Gänsemarsch losmarschierten.
Da unser Aufenthalt in Moskau kurz war, wurde drei Ehepaaren zusammen ein Tageszimmer in einem Intourist-Hotel zugeteilt, wo wir uns »frisch machen« durften. Mein Mann und ich saßen auf einem Bett mit vier fremden Menschen zusammen, als eine junge Kanadierin das peinliche Schweigen brach mit dem Satz »Anyone for a nooner?« Wir mußten plötzlich alle kichern. »Anyone for a nooner« bedeutet soviel wie »Hat jemand Lust auf 'ne schnelle Nummer« – und das während der Mittagszeit. Ich konnte mir den armseligen KGB-Agenten, der uns abhörte, irgendwo im Keller vorstellen, wie er Lexika wälzte, ohne das Wort »nooner« zu finden.

Der Besuch in diesem grauen, ausdruckslosen, irgendwie ungesäuerten Landstrich Europas war so, wie auf Stangensellerie herumzukauen... Freudlos, aber zumindest konnte man sagen, daß man gegessen hatte. Bei meiner Abreise bewegte mich die brennende Frage, was für Menschen das sein mochten, die in diesen abweisenden, farblosen Hochhäusern lebten. Was verbarg sich hinter diesen stoischen Gesichtern, die wir vom Fenster unseres Busses sahen, der nie mal langsamer fuhr. Hätte ich einem von ihnen nur einmal in die Augen schauen können, hätte ich bestimmt einen anderen Zugang bekommen.
Es sollte zehn Jahre dauern, bevor wir nach Rußland zurückkehrten. Diesmal machten wir eine Kreuzfahrt und legten in einem kleinen Ort namens Nakhodka an, dem östlichen Zielbahnhof der Transsibirischen Eisenbahn. Die Kunde von Glasnost und Perestroika hatte die Kreuzfahrtschiffe bereits erreicht. Auch in Nakhodka hatte man davon gehört... gerüchteweise.
Ich hatte eine Tante in Nakhodka, die wir anriefen, um ihr zu sagen, wir kämen auf ein paar Stunden zu ihr zu Besuch.
Ihr blieben nur fünfzehn Stunden Zeit. In dieser Zeit tapezierte sie ihr ganzes Haus neu, strich die Gartenmöbel, brachte vor und hinter dem Haus den Garten in Schuß, reparierte die Toilette, hing neue Vorhänge auf, führte in der Küche Schönheitsreparaturen am Putz aus, verlegte überall neuen Teppich, ging zum Friseur und kaufte eine neue Ausrüstung, um im Garten zu grillen. Die Leute von Nakhodka taten dasselbe.
Eine Gruppe amerikanischer Touristen war in dieser kleinen Stadt eine absolute Attraktion, und alle wollten uns den Besuch unvergeßlich machen. Sie veranstalteten ein Mittagessen, bei dem sich die Tische unter dem Essen bogen. Ein kleines Orchester spielte russische Volksweisen.

Hostessen lächelten und boten Getränke an. Man hatte wirklich an alles gedacht, außer an Silberbesteck und Stühle.

Zur Unterhaltung veranstaltete die Stadt eine Gymnastikvorführung in der Schulturnhalle. Als wir reinkamen, wurden wir fast ohnmächtig von den Farbdämpfen, aber wir setzten uns auf die hellblauen Bänke, um russische Kinder zu sehen, die mit dem Stil und der Anmut turnten, für die sie berühmt sind. Als sie fertig waren, lehnte sich mein Mann zu mir herüber und sagte: »Wir können jetzt gehen.« »Du vielleicht«, flüsterte ich zurück. »Meine Schuhe kleben am Boden.« Als ich mich umsah, wurde mir klar, daß nicht nur meine Schuhe neu gestrichen waren. Leute, die keinen Platz mehr gefunden und im Stehen zugeschaut hatten, hatten Farbe auf ihren Hosen und Pullovers abgekriegt, wo sie sich am Eingang angelehnt hatten.

Trotz des guten Willens von beiden Seiten war alles leicht verkrampft. Doch dann geschah etwas Außergewöhnliches, wie es nur geschieht, wenn Leute auf sich selbst gestellt sind. Unsere Busse hielten vor dem Nakhodka-Museum – einer tristen schiffahrts- und wasserbautechnischen Ausstellung mit Toiletten, die kaputt waren. Die Amerikaner saßen auf den Stufen, und einige machten noch ein paar Fotos von einer Leninstatue, die auch hier den Platz beherrschte. Hauptsächlich schlugen wir die Zeit tot. Da kam aus der Ferne eine Parade von Bürgern des Orts ... Mütter in ihren besten Kleidern, die Kinderwagen vor sich herschoben, Männer in Anzügen mit Krawatten, und von irgendwo tauchte plötzlich eine Gruppe Musiker auf, die auf den Stufen des Museums zu spielen anfing. Die Einheimischen bildeten einen Kreis und begannen für uns zu tanzen. Die Amerikaner reihten sich in den Kreis ein, bis er größer und größer

wurde. Wir konnten nicht miteinander reden, aber es gab etwas Verbindendes, an das wir uns noch lange erinnern würden.
Mir ging es jedenfalls so.
Im Jahr darauf wurde ich mit acht anderen Frauen nach Rußland zu einem Gespräch mit Mitgliedern des Sowjetischen Frauenkomitees eingeladen. Diesen Arbeitsbesuch hatte die Herausgeberin der Zeitschrift »Woman's Day« angeregt. Bei unserem Treffen würden wir uns über gegenseitige Probleme informieren und dann miteinander über Lösungen reden.
Ich saß an einem langen Tisch, und die sowjetischen Frauen hatten allein durch ihre große Zahl das Übergewicht. Aber ich konnte sie jetzt zumindest mal aus nächster Nähe sehen. Falls wir über die gleichen Dinge weinten und über die gleichen Dinge lachten, dann gab es vielleicht noch Hoffnung für die Völkerverständigung.
Da ich als Humoristin eingeführt worden war, begann ich meine Ausführungen damit, das größte Problem für Amerikanerinnen bestehe darin, daß bei jedem Paar Socken, das in die Waschmaschine wanderte, nur eine Socke zurückkam. Die andere hatte sich vermutlich in den Himmel schleudern lassen.
Es war nicht das erste Mal, daß ich einen Witz erzählte und niemand lachte. Aber es war das erste Mal, daß ich das Gefühl hatte, daß mein Witz ziemlich daneben war. Was sollten Russinnen denn mit Witzen über Waschmaschinen anfangen, wenn sie keine besaßen?
Ich beschloß, einfach weiterzureden, und erzählte ihnen, das zweite große Problem in Amerika seien Männer, die nur vor dem Fernseher hockten und sich jedes Wochenende einhundertachtundsiebzig Footballspiele reinzogen. Jetzt erwachte die gesamte sowjetische Delegation zum Leben, und die Vorsitzende fiel mir ins Wort: »Frau Bom-

beck, Sie haben da gerade ein Problem von globaler Tragweite angesprochen. Was machen Sie in Amerika mit Ehemännern, die zuviel fernsehen?«
Ich erklärte ihr, ich würde den meinen gesetzlich für tot erklären lassen und mein Erbe sofort antreten.
Gelächter kam auf. Wir erlebten den Durchbruch von Lachnost. Von diesem Moment an waren wir eine Gruppe von Frauen, die von ihren großen und kleinen Problemen erzählten und gemeinsam nach Lösungen suchten.
Der offensichtlichste Unterschied zwischen dem Moskau von heute und dem vor ein paar Jahren war die Freiheit, mit der wir uns in der Stadt bewegen konnten. Wir konnten selbständig in den Zirkus, ins Bolschoi-Ballett und jeden Tag nach neuen Restaurants Ausschau halten.
Man kann nur eine begrenzte Anzahl heißer Würstchen zum Frühstück essen, dann wird einem schlecht. Wir brauchten ein richtiges Essen. Nachdem wir penetrant gejammert hatten, erfuhren wir, daß ein privates Restaurant (eine Moskauer Kooperative) Käsekuchen anbot. Auf einer Beliebtheitsskala von eins bis zehn rangierte Käsekuchen gleich hinter einem Abrüstungsvertrag. Wir warfen uns alle in Taxis und fuhren zu dem Restaurant.
Na gut. Das Brot war alt. Der Salat war labbrig. Der Fisch war fad. Aber wir freuten uns auf ein großes Finale.
Der Käsekuchen war ausgegangen.
Reisende reisen oft mit zuviel Gepäck in ein Land, öfter noch mit zu vielen Vorurteilen. Ich hatte mir Russinnen immer mit dünnen Beinen, dicken Brüsten und ohne Taille vorgestellt, und alle trugen das gleiche geblümte Kleid. Im amerikanischen Fernsehen lief nämlich ein Werbespot mit Sowjetfrauen im Waschmaschinenformat, der mich in dieser Vorstellung bestärkt hatte. Es war eine Modenschau, bei der jede Russin das gleiche geblümte

Kittelkleid trug, und man nur daran merkte, daß es ein neues Outfit sein sollte, wenn sie einen Strandball trug für »Bademode« oder eine Taschenlampe für »Abendgarderobe«.

Ich lag mit meinen Vorstellungen vollkommen falsch. Russinnen richten sich vielleicht nicht so stark nach Trends wie Amerikanerinnen, aber sie achten genausoviel auf ihr Aussehen wie Frauen auf der ganzen Welt. Nur ihr Geldbeutel und das Warenangebot setzen ihnen Grenzen. Sie hatten Taillen, zierliche Füße und schminkten sich wirkungsvoll. Ich war überrascht, daß »spas«, Saunen, bei ihnen in der Mode war, und das schon seit Jahren.

Ich selbst bin ein Fan von allem, was gesund zu sein scheint. Zeigen Sie mir ein Fitneßcenter, wo ich mein Knie 145mal in der Stunde zum Ohr schwingen kann, den Körper in der Luft balancieren und das Gesäß anspannen, nackt in einem Whirlpool sitzen, Vollkornbonbons lutschen und Kräutertee trinken, und ich bezahle 1500 Dollar die Woche.

Ich komme mit Koffern voller niedlicher kleiner aufeinander abgestimmter Outfits, die ich sechsmal am Tag wechsle. Ich lese keine Zeitung und sehe nicht fern. Ich konzentriere mich auf meinen Körper und darauf, ob ich ein Sommer-, Herbst-, Winter- oder Frühjahrstyp bin. Ich mache morgens Frühgymnastik, und die Abende verbringe ich damit, Rezepte zu notieren (die ich nie ausprobieren werde, weil alles viel zu kalorienhaltig ist), harntreibende Pillen einzuwerfen und meine Cholesterinwerte auswendig zu lernen.

In Amerika gehen vor allem die Frauen in Fitneß- und Kosmetikstudios, die das nicht nötig hätten, die sich aber verwöhnen lassen wollen und zudem nicht oft genug hören können, daß sie das eigentlich nicht nötig hätten. Sie mögen es, elegant auf riesigen Kissen herumzusitzen, japanische Musik zu hören, Rosenblätter auf ihrem Tofu angeboten zu bekommen und sich in dicke schwere Frotteebademäntel einzuhüllen.

Mit solchen Vorstellungen kam ich vor einem russischen Gebäude aus roten Ziegelsteinen an, das aussah wie das älteste Schulgebäude in New York. Dagegen sah jedes heruntergekommene CVJM-Heim noch aus wie ein Sporthotel. Wir waren zu viert und uns einig, daß hierherzukommen eines der mutigsten Unterfangen war, das wir je unternommen hatten. Wir konnten kein Wort Russisch, hatten keine Ahnung, wie wir uns durch diesen Tag bluffen sollten, sobald wir erst aus dem Taxi ausgestiegen waren. Wenn alles gutging, konnten wir hier einen erholsamen Nachmittag verbringen. Wenn alles schiefging, warfen wir die diplomatischen Beziehungen zu den Russen um zweihundert Jahre zurück.

Wir gaben unsere Mäntel ab und warteten. Nach ein paar Minuten bat uns eine Frau, ihr in einen großen Raum mit kleinen Kabinen zu folgen. Sie deutete uns pantomimisch an, wie sie ihre Kleider über den Kopf zog. Wir sahen uns an. Keine sagte etwas. Sie wiederholte das Spiel und ging fort. Schließlich sagte eine unserer Delegierten: »Ich glaube, sie will, daß wir uns ausziehen.«

»Mary-Lou«, drohte ich, »falls du nicht recht hast, wird das der längste Tag unseres Lebens.«

Als wir ausgezogen waren, wurden wir in einen großen Raum gebracht und dort allein gelassen. Um uns liefen dreißig oder mehr nackte Sowjetfrauen mit wollenen Skimützen herum. Uns fielen fast die Augen aus dem Kopf. Sie warfen einen Blick auf uns und wußten instinktiv, daß wir Amerikanerinnen waren, und beschlossen, uns unter ihre Fittiche zu nehmen.

Da wir keine Skimützen aus Wolle hatten, die uns vor der

Saunahitze hätten schützen können, umwickelten sie uns die Köpfe mit Handtüchern. Wir wären ihnen überallhin gefolgt. Als sie ihre Füße abschrubbten, schrubbten wir auch unsere Füße. Als sie sich im Dampfbad mit Eukalyptuszweigen peitschten, taten wir dasselbe. Als sie in der Sauna saßen und schwitzten, klebten wir an ihnen wie ein Nylonunterrock an einer Strumpfhose. Als sie sich in den grünen kalten Pool fallen ließen, sprangen wir todesmutig hinterher. Später waren wir uns alle einig, daß Gipfeltreffen zwischen führenden Staatsoberhäuptern nackt durchgeführt werden sollten – um das Wesentliche nicht aus den Augen zu verlieren. In der Sauna sind doch alle gleich viel gleicher.

Die Gesichtsmasken der Frauen hatten Geschmacksnoten wie Eiskremsorten. Ich entschied mich für Erdbeere, weil eine Teilnehmerin mir erst ein Bild von Joan Collins und dann den Erdbeermix zeigte. Gorbatschow könnte ihren Optimismus gut gebrauchen.

Als mich später eine Journalistin verblüfft fragte, wieso ich in einer russischen Sauna gewesen sei und was ich dort über sowjetische Frauen erfahren hätte, sagte ich: »Ich fand bestätigt, was ich schon immer wußte – alle Frauen sind verschieden.«

Oder sind wir das gar nicht? Wenn Sie Menschen in einem fremden Land erstmals näher kennengelernt haben, wird Ihnen klar, daß sie alle dasselbe wollen: Essen auf dem Tisch, Liebe in der Ehe, gesunde Kinder, Lachen, Freiheit. Religion, Ideologie und Regierungsform mögen sich ja unterscheiden, aber die Träume sind überall gleich.

Als uns in Moskau nur noch ein paar Stunden blieben, ging ich in mein Zimmer, um zu packen. Das Zimmer war gewaltig, eigentlich war es eine Suite mit zwei Räumen – richtig russisch. Die hohen Decken waren mit Stuck verziert. Es gab antike Lampenschirme mit Fransen. Glänzend polierte Holzböden. Einen großen Flügel, der innen hohl war.

Ich machte die letzte Flasche Mineralwasser auf, die ich mir aus New York mitgebracht hatte (in Rußland schien es keins zu geben), und ging ans Fenster. Von hier aus sah man den Kreml.

Ich faltete die gebrauchten Handtücher im Bad, leerte die Aschenbecher voller Schokoladenpapier (ich hatte die Süßigkeiten für die Kinder besorgt, konnte mich dann aber nicht beherrschen) und verschloß die Tür des mit Ornamenten verzierten Schranks. Bevor ich das Zimmer verließ, blieb ich an der Tür einen Moment stehen, beugte mich über eine der Lampen und sagte: »Ich hatte zusätzliche Handtücher bestellt. Ich brauche sie nicht mehr. Ich reise heute ab. Mir hat es gut bei Ihnen gefallen.«

Ich habe keine Ahnung, ob es in dem Zimmer ein Wanze gab, aber wenn wir für unsere Kinder den Weltfrieden anstreben, muß ja mal jemand nachgeben.

Ein Jack-Nicholson-Weißbrottag

In dem Spielfilmklassiker »Five Easy Pieces« gibt es eine Szene mit Jack Nicholson in einem Eßlokal. Er bestellt zwei Scheiben Toastbrot und bekommt gesagt, die stünden nicht auf der Speisekarte, und hier würde auch keine Ausnahme gemacht.

»Gut«, sagt er der Kellnerin, »dann machen wir es doch einfach so: Ich bestelle das Sandwich mit Geflügelsalat. Lassen Sie die Mayonnaise weg, lassen Sie den grünen Salat und den Geflügelsalat weg, und toasten Sie das Weißbrot.«

Essen im Urlaub ist oft eine echte Herausforderung. Fremde Sitten, unergründliche Gewürze, Sachen, die man nicht bekommt, mangelnde Hygiene. Das gehört alles zur Futtersuche. Bisweilen erfordert das wirklich einiges Nachdenken.

In Jerusalem habe ich mal an einem Freitagabend den Zimmerservice angerufen, weil ich noch etwas Leichtes zu Abend essen wollte.

»Ich nehme einen überbackenen Käsetoast und eine Fleischklößchensuppe«, sagte ich.

»Das geht leider nicht«, erwiderte die Stimme an Telefon.

»Was heißt das?« fragte ich.

»Das heißt, wir folgen koscheren Speiseregeln. Wir können zu der Suppe kein Milchprodukt servieren, und die Suppe müßte getrennt serviert werden. Die beiden Speisen können nicht zusammen auf einem Tablett serviert werden und dürfen auch nicht zur selben Zeit im Zimmer sein. Außerdem erledigen wir während des Sabbats keine körperliche Arbeit und können den Toaster nicht bedienen.«

»Aha«, sagte ich. »Können Sie mir denn eine Schale mit Suppe auf mein Zimmer bringen? Danach bringen Sie mir bitte ein einfaches Käsesandwich mit ungetoastetem Weißbrot und stellen das im Flur ab. Sobald ich mit der Suppe fertig bin, stelle ich die Schale in den Flur und hole mir das Sandwich.«

Das war vollkommen akzeptabel und verstieß gegen kein Gesetz.

Es läßt sich immer ein Weg finden.

Montserrat

Die Kinder staunten »oh!« und »ah!« über das Schwimmbad, das unterhalb der Ferienvilla in den Felsen eingelassen war. Mein Mann war zufrieden, weil er auf dem großen Fernsehgerät im Wohnzimmer seine amerikanische Lieblingsnachrichtensendung reinkriegte. Andere Familienmitglieder und Freunde erforschten die fantastische Aussicht von der großen Veranda mit Blick auf die Karibik.
Ich saß in der Küche zusammengesunken in einem Stuhl und fragte mich, wie ich zehn Personen mit einer Schachtel Milchpulver, einem Glas Marmelade, drei tiefgefrorenen Hühnerfilets, einem kleinen Glas löslichen Kaffees und einer Flasche Scotch verpflegen sollte.
Als wir das Ferienhaus mieteten, war uns versichert worden, das Personal würde genug Lebensmittel für die ersten Tage einkaufen. Im Vertrag stand außerdem, daß es einen Hausmeister gab und vier Tage in der Woche eine Hilfe zum Putzen und Waschen.
Der Hausmeister war ein junger Insulaner, der sich selbst Soul Man nannte. Er war auf Montserrat geboren und hatte es glänzend getroffen. Er hatte seine eigene Unterkunft, wohnte in der Villa, wenn niemand da war, und konnte dann auch über den Wagen verfügen. Alles, was er dafür tun mußte, war zu lachen und alle zwei Wochen den Rasen zu mähen.
»Ich fahre in die Stadt, um Lebensmittel zu besorgen«, erklärte ich Soul Man. »Mit dem bißchen kann ich unmöglich zehn Leute verpflegen. Können Sie mir dabei wohl helfen?«
Das Lächeln verschwand nie aus seinem gutaussehenden

Gesicht. »Oooooh, schlechte Zeit zum Einkaufen. Gestern war Weihnachten.«
»Das ist mir bekannt, aber morgen ist Sonntag, und dann haben wir den Ärger.«
Soul Man fuhr mich zu einem großen Lagerhaus, wo sich Kartons mit Limonade und Bier bis zur Decke stapelten. An einem Ende standen ein paar kümmerlich gefüllte Regale. Es gab nur Milchpulver, keine Milch. Es gab weder frisches Gemüse noch Obst und nur ein paar Brote.
»Wo gibt's Fleisch?«
Er lächelte und deutete auf eine Kühltruhe. Ich machte sie auf und starrte hinein. Es war nichts drin außer einer zehn Zentimeter dicken Eisschicht und drei gerupften Hühnern, die ausgenommen und bratfertig dalagen in ... keinen Tüten, keiner Folie, überhaupt nichts. Widerwillig nahm ich sie heraus und schob sie in meinem Einkaufswagen zur Kasse.
In dem Augenblick, als die Kassiererin die Hühner sah, fing sie an, mich anzuschreien.
»Was will sie denn?« fragte ich Soul Man.
»Sie sagt, das seien ihre Hühner. Sie hat sie sich zurückgelegt, bis sie mit der Arbeit fertig ist. Man kann sie nicht kaufen.«
Am ersten Wochenende aßen wir wie eine Kompanie, die sich beim Manöver verlaufen hat. Ich entschuldigte mich und sagte, Montag würde ich richtig einkaufen fahren.
Montags ging ich zu Soul Man. Er lächelte und sagte: »Ooooooh, Montag ist schlecht zum Einkaufen. Da wird in Montserrat die Schönheitskönigin gewählt. Alles geschlossen.«
»Wenn das Hausmädchen kommt, weiß sie vielleicht einen Laden, der offen hat«, meinte ich hoffnungsvoll.
»Carla kommt heute nicht. Ich habe Ihnen ja gesagt, heute wird die Schönheitskönigin gewählt.«

»Nimmt sie teil?« fragte ich.
Er dachte, ich mache Witze, und lächelte.
Am nächsten Tag besuchten wir mehrere Lebensmittelgeschäfte, eines trostloser als das andere. Wir sahen im Telefonbuch nach und fanden eine ganzseitige Anzeige für einen Fleischmarkt. Als wir hinkamen, war er so groß wie eine Flugzeugtoilette, und es gab nichts Brauchbares. In diesen Tagen nahmen wir reichlich Brot, Apfelmus und Kekse zu uns.
Aber was uns verrückt machte, war der Pulverkaffee. Wir trinken alle lieber »echten« Kaffee. Wir durchsuchten das Haus von oben bis unten nach etwas, womit man Kaffee kochen konnte. Ohne Erfolg. Wir schworen uns, auf der nächsten Fahrt in die Stadt eine Kanne für »echten« Kaffee zu besorgen.
Am vierten Tag ergatterte einer unserer Gäste einen drei Kilo schweren Schinken. Ich rechnete aus, daß das einmal für alle zum Abendessen und tagsüber noch für Sandwiches reichen müßte. Als das Fett abgekocht war, konnten wir von Glück sagen, wenn wir noch genug hatten, um damit grüne Bohnen zu würzen. Falls wir grüne Bohnen bekommen hätten.
Am nächsten Arbeitstag erschien Carla nicht, weil in Montserrat »Jump-Up-Festival« war. Ich hatte keine Ahnung, was das sein konnte, aber wenn es da Eiskrem auf der Straße gab oder einfach nur heiße Würstchen, lohnte es sich, dafür im Urlaub selbst zu putzen und zu waschen. Wir fuhren zum Jump-Up-Festival, fanden aber nirgendwo Straßenverkäufer.
Als wir Leute auf der Straße fragten, wo sie einkauften, äußerten sie sich sehr vage und vorsichtig darüber, wie sie an ihre Lebensmittel kamen. Eine Frau vertraute mir schließlich an, ich solle auf den offenen Markt gehen, wenn ich frisches Obst und Gemüse suchte.

»Gehen Sie aber früh«, warnte sie mich.
Ich konnte kaum schlafen bei dem Gedanken an einen Markt mit Obst und Gemüse. Dabei mag ich gar kein Grünzeug. Einmal in der Woche Ketchup ist das einzige Gemüse, das ich mit einiger Regelmäßigkeit esse. Aber der Gedanke, eine Woche lang keine Tomate oder kein Blatt Salat gesehen zu haben, kam mir irgendwie unheimlich vor.
Lange vor Sonnenaufgang machten mein Mann und ich uns mit großen Körben auf den Weg. Wir stießen zu einer kleinen Gruppe von Leuten, die auf dem Markt herumliefen. An einer Theke bewachte eine Verkäuferin siebenunddreißig kleine grüne Bohnen. Ich zählte sie nach.
»Ich nehme alle ihre grünen Bohnen«, sagte ich und öffnete mein Portemonnaie.
Sie musterte mich so scharf, als ob ich mich als Leihmutter beworben hätte. »Wenn ich Ihnen die grünen Bohnen gebe, müssen Sie auch die Tomate nehmen.«
Die Tomate war bis zur Unkenntlichkeit entstellt. »Die Tomate will ich nicht«, erklärte ich.
»Dann kriegen Sie auch die grünen Bohnen nicht«, sagte sie, rümpfte die Nase und wandte sich der nächsten Kundin zu.
Ich lief ihr nach, um ihr meinen Fall vorzutragen. Es war nicht zu glauben. Ich kroch zu Kreuze, um siebenunddreißig lausige Bohnen zu bekommen, mit denen ich zehn Leute satt bekommen sollte.
In meinem Leben hatte ich noch nie so hart um Lebensmittel kämpfen müssen. An einem Stand bekam ich vier Kartoffeln, an einem anderen drei Tomaten, außerdem zwei Köpfe Salat und ein Bündel grüner Bananen, die immer noch auf der Küchenablage in Montserrat reifen.
»Wo kann man Fleisch kaufen?« fragte ich immer wieder.
Ein Mann zeigte mir schließlich den Weg in eine Seiten-

straße hinter dem Markt. Ich ging sie auf und ab, bis ich auf eine Tür und dahinter auf eine Kühltruhe stieß.
»Gehacktes vom Rind?« fragte ich.
Der Mann lächelte und gab mir einen Karton voller tiefgefrorener Hamburgerscheiben. Es hätte aber auch jede Art von Fleisch sein können.
Zwei von unseren Freunden hatten wir losgeschickt, eine Kaffeekanne zu kaufen, was so war wie zu Kolumbus zu sagen: »Finde eine neue Welt.« Ein Ladeninhaber erbarmte sich schließlich. »Hören Sie mal, ich habe hier eine elektrische Kaffeemaschine, die ich nie benutze. Die gebe ich Ihnen für vierzig Dollar.«
Es gab einen Grund, warum er sie nie benutzt hatte. Auf Montserrat paßte die Voltzahl nicht dafür, und das Wasser brauchte Stunden, bis es durchgelaufen war. Einer von uns mußte den Wecker auf zwei Uhr morgens stellen, um die Kaffeemaschine anzumachen, damit der Kaffee bis zum Frühstück fertig war.
Erstaunlicherweise gelang es uns irgendwie trotzdem zu überleben. Robinson Crusoe wäre stolz auf uns gewesen.
Wir wurden ganz schön kreativ. Einmal gab es zum Mittagessen eine Komposition aus Kartoffelsalat, Thunfischsalat und Krabbensalat aus der Dose. Falls jemand allergisch gegen Mayonnaise gewesen wäre, hätte er verhungern müssen. Ein anderes Mal planten wir ein Picknick mit Rindswürstchen und Haferflockenkeksen. Wir fragten nie: »Was hast du heute gemacht?«, sondern: »Was hast du heute zu essen gefunden?«
Mit Entschlossenheit und Ausdauer entdeckten wir ein Eiscafé und einen Bäckerladen. Die größte Sensation aber war der Truthahn, den wir zum Neujahrsessen auftrieben. Wir schrieben alle Karten, um unsere Lieben daheim daran teilhaben zu lassen.
In der zweiten Woche erschien eines Morgens eine fremde

Frau in der Ferienvilla und begann, im Speisezimmer Staub zu wischen. Es handelte sich um die schwer faßbare Carla, eine Spezies von Montserrat, die wir für ausgestorben gehalten hatten. Sie erklärte, sie sei vor zwei Tagen nicht gekommen, weil Neujahr war. Wir hatten Verständnis dafür. Wir fragten sie, ob es vielleicht einen Lebensmittelladen gebe, den wir noch nicht entdeckt hatten, und sie sagte: »Nein.« Dann sagte sie noch: »Freitag werde ich nicht kommen. Da habe ich Geburtstag.«
Wir versuchten, uns einen Reim darauf zu machen, warum es auf Montserrat so wenig zu essen gab. Auf anderen Inseln um uns herum wie Antigua und Guadeloupe gab es doch auch Lebensmittel. Vielleicht war den Leuten hier das Essen nicht so wichtig.
Es ist interessant, woran man denkt, wenn man den Namen eines Ortes erwähnt, den man besucht hat. Ich erinnere mich kaum an die Strände, das Wetter oder die Geschichte von Montserrat. Ich muß an zehn Menschen denken, die für einen Augenblick des Glücks dachten, sie wären in ein Märchenland gekommen, und dann bei Rindswürstchen und Haferflockenkeksen endeten.
An dem Abend, bevor wir unsere Ferienvilla und die Insel verließen, sagte mein Mann: »Denk dran, den Kühlschrank auszuräumen.«
So ein Scherzbold. Der Kühlschrank war seit dem Tag unserer Ankunft ausgeräumt.
»Wie früh müssen wir denn morgen weg?« wollte ich wissen.
»Die Maschine geht um 7 Uhr 30«, antwortete er.
Ich sprang auf. »Warum hast du mir das nicht eher gesagt? Da wird der Kaffee doch nie fertig.«

Das Great-Barrier-Riff

Wir waren noch nie die richtige Familie für einen Strandurlaub.
Wir wissen nichts mit uns anzufangen.
Es gibt ein Foto von uns auf Hawaii, wo wir vor ein paar Jahren auf der Insel Kauai Ferien machen. Während andere Urlauber wie gelähmt auf ihren Handtüchern lagen und die Sonne ihre ölglänzenden Körper briet, bot unsere Familie ein Bild der Bewegung. Der Hund rannte kläffend einem Frisbee hinterher. Unsere Söhne spielten Volleyball. Unsere Tochter baute das Empire State Building aus Sand nach. In Handtücher gewickelt, ging mein Mann unsere Ausgaben durch. Ich knüpfte einen Teppich.
Wir haben Dias, wie wir am Strand von Tahiti Kreuzworträtsel lösen, Straßenhändlern in Cabo San Lucas Kleider abkaufen und mit Metalldetektoren auf den Fidschi nach Kleingeld suchen. Abgesehen davon, daß wir alle sehr beschäftigt sind, gibt es noch einen roten Faden, der durch alle Bilder läuft. Ich habe immer denselben Badeanzug an.
Es ist ein konservativer Einteiler, blau mit weißen Punkten, extrem belastbar und über dem Bauch sehr großzügig geschnitten.
Wenn ich nicht so eine Schwindlerin wäre, könnte ich ja zugeben, daß das der wirkliche Grund ist, warum ich »nicht gern am Strand bin«. Es wimmelt dort von Frauen, die aus dem Bademodesonderheft von »Elle« stammen könnten. Ich habe schon Truthähne in den Ofen geschoben, die größer waren als diese Frauen.
Die Idee, auch mal ins Wasser zu gehen, kam mir, als wir auf einer Karibikkreuzfahrt in St. Thomas anlegten. Mein

Mann wollte, daß ich einen Schnellkurs im Tauchen mit Sauerstoffgerät belege, aber als ich hörte, daß dafür ein bißchen Kopfrechnen notwendig war, sagte ich ihm, wenn ich im Urlaub mein Gehirn benutzen wollte, hätte ich auch weiter in meiner Kabine das Quiz »Der Preis ist heiß« sehen können.
Statt dessen nahm ich einen Bus zum Strand, wo ein junger Mann in eine Taucherbrille spuckte, sie mir aufs Gesicht drückte und sagte, ich solle einfach losschwimmen, dann würde ich eventuell Kapitän Nemo sehen.
Ich war sofort ins Schnorcheln verliebt. Ich war darin nicht gerade Spitze, aber es gefiel mir unwahrscheinlich gut. Das war eine Welt, die ich nie zuvor gesehen hatte.
Als wir vorhatten, mit der Familie ans Great-Barrier-Riff vor der Küste Australiens zu fahren, ging ich sogar soweit, meinen fünfzehn Jahre alten Badeanzug zu ersetzen.
Ich sah die Ständer mit Bikinis durch, die aussahen wie Knallbonbons, und fragte mich, wer so was entwirft. Die Hersteller von Bademode hatten den Verstand verloren. Glaubten die ernsthaft, alle Frauen hätten eine Traumfigur? Konnten sie sich nicht vorstellen, daß ein mit Goldlamé bedeckter Bauch aussieht wie der Petersdom? Oder daß viele Frauen Beine haben, die aussehen wie eine Reliefkarte vom Straßennetz in Kalifornien?
Meine Hand griff nach einem kleinen schwarzen Einteiler, der vielversprechend aussah. Ich zog ihn mir in der Umkleidekabine über. Oben saß er gut, aber an den Oberschenkeln war der Anzug bis zu den Achseln ausgeschnitten. Dann dachte ich mir, am Great-Barrier-Riff kennt schließlich noch niemand mein Teil mit den weißen Punkten.
Unser Ziel war Heron Island, einer von zwei Urlaubsorten, die im Riffgebiet selbst liegen. Früher war hier eine Fabrik für Schildkrötensuppe gewesen, doch ohne Erfolg,

und 1932 war jemand darauf gekommen, daß hier Möglichkeiten für den Fremdenverkehr lagen.
Im australischen Gladstone brachte eine Frau uns eilig auf das Flugfeld zu einem wartenden Hubschrauber. Sie warf uns ein paar Pakete hinterher und sagte: »Übrigens – das sind Ihre Schwimmwesten und Schlauchboote. Blasen Sie die bitte nicht auf, bevor Sie das Flugzeug verlassen haben.«
Ich hatte keinerlei Absicht, die Maschine zu verlassen.
Eine Stunde später waren wir auf einer der schönsten Inseln, die ich je gesehen habe. Das war der richtige Strand für uns. Niemand, wirklich niemand saß faul in der Sonne. Alle waren sehr beschäftigt. Kinder und Erwachsene in Tennisschuhen suchten die seichten Riffe in Glasbodenbooten nach Meerestieren ab.
Ich schlüpfte schnell in meinen Badeanzug, spuckte in meine Maske, setzte sie aufs Gesicht und schwamm hinaus. Minuten später faßte mich mein älterer Sohn an die Schulter, und als ich mein Gesicht aus dem Wasser hob, wedelte er vor meinen Augen mit einer sechzig Zentimeter langen Wasserschlange herum.
»Das ist eine Seeschnecke!« brüllte er. Ich hätte ihn erwürgen können. »Jag deiner Mutter nicht so einen Schrekken ein«, meinte mein Mann.
Ich war ein bißchen direkter. »DU BIST AUS MEINEM TESTAMENT GESTRICHEN!« schrie ich.
Bei einer Exkursion mit dem Glasbodenboot sah ich Dinge, die ich in den sanften Sandbuchten von St. Thomas nie zu Gesicht bekommen hatte. Hier gab es Fische mit großen Mäulern und spitzzackigen Zähnen. Es gab schleimige Aale, und die Mantarochen warfen riesenhafte Schatten. Das gefiel mir nicht.
Mit jedem Tag nahm mein Enthusiasmus für die Erforschung der Tiefe ab. Ich wußte einfach zuviel. Eines

Nachmittags trödelten wir gerade am Strand herum, als mein Mann sagte: »Ich werde vor dem Mittagessen noch ein wenig schnorcheln gehen.«
Er war ungefähr eine Stunde weg, als ich zu den Kindern sagte: »Hört mal, euer Vater wurstelt da draußen im Wasser herum, das bloß ein Meter zwanzig tief ist. Ich glaube, wir können ihn unbesorgt allein lassen und was essen gehen.«
Als wir mit dem Mittagessen halb fertig waren, kam mein Mann. Er war sichtlich erschüttert. Ihm war beim Schnorcheln ein riesengroßer Hai begegnet, der Kreise um ihn gezogen hatte. Ein Kellner, der das gehört hatte, lächelte wissend und meinte nur: »Der Südpazifik ist keine Badewanne.«
Er hatte vollkommen recht. Wußten wir, was da unten lauerte? Wir hatten doch keine Ahnung, welche Fische man streicheln und welche Koralle man gefahrlos berühren konnte. Wir erinnerten uns bloß an Jacques Cousteau, wie er an einem Tisch saß, Hummer aß und Französisch sprach.
Am nächsten Tag gingen wir früh zum Strand.
Die Kinder spielten Karten. Mein Mann rechnete unsere Kreditkartenausgaben durch. Ich stickte einen Kissenbezug mit dem Bild von John Wayne.

Zeit, nach Hause zu fahren

Im Urlaub braucht Ihnen keiner zu sagen, wann es Zeit wird, nach Hause zu fahren.
Es hängt nicht so von dem letzten Reisescheck ab oder davon, daß die Malariapillen ausgehen.
Es kann einfach nur sein, daß Sie in Japan auf den Hochgeschwindigkeitszug warten und plötzlich zur Seite gestoßen werden. Und dann schreien Sie: »Die Franzosen drängeln sich natürlich wieder vor! Freundchen, ihr müßt hier nicht die Maginotlinie verteidigen. Hier geht es nur um einen Sitz im Zug!«
Sie haben schlechte Laune und merken es selbst.
Sie sind es satt, Schafsaugen in Aspik vorgesetzt zu bekommen, während Ihnen irgendein Idiot erzählt: »Das wird im Weihnachtskatalog von Bloomingdale's als Delikatesse angeboten.« Wenn Ihnen jemand sagt, nur ein paar Schritte vom Reisebus sei eine zwei Millionen Jahre alte Ikone zu besichtigen, gähnen Sie und sagen: »Beschreiben Sie mir doch einfach, wie sie aussieht.« Die Heimatinstinkte machen sich bemerkbar. Auf der Straße vor Ihrem Hotelzimmer könnte ein Karnevalszug vorbeiziehen, aber Sie möchten lieber vor dem Fernseher sitzen und Ihre Lieblingssendung sehen.
Sie finden Ihre Garderobe und Ihre Frisur langweilig. Sie sind erschöpft davon, die ganzen blöden Andenken, ohne die Sie meinten nicht leben zu können, einzupacken und umzupacken, und Sie können keine Leute mehr ausstehen, die ständig Schlachten und Jahreszahlen zitieren.
Mein Mann merkt immer, wenn ich den Ferienkoller kriege. Ich habe dann plötzlich an allem was zu mekkern.

Ich weiß auch nicht, warum ich alles an meiner Umgebung auslasse, aber so ist es nun mal.
Wenn meine Seife so groß wie eine Kreditkarte ist, fange ich an zu heulen. Wenn mein Bettüberzug sechzig Kilo wiegt und ich ihn allein abziehen muß, kriege ich einen Tobsuchtsanfall. Und wenn das Papiersiegel auf dem Klo einen Riß hat, breche ich zusammen.
Mein Hotelzimmer ist entweder zu groß oder zu klein. Während meiner letzten Ferientage kann es mir keiner recht machen. Jemand hat offenbar ein Gesetz daraus gemacht – je kürzer man bleibt, desto aufwendiger das Zimmer.
In Tokio zogen wir in eine Suite mit einem Konferenztisch, der so groß war wie unser ganzes Haus, dazu eine Bar, Konzertflügel und fünf Badezimmer. Über einer Badewanne war die Decke verspiegelt.
»Das ist ja wunderbar«, meckerte ich. »Wir bleiben hier eine Nacht. Warum waren wir in Adelaide nicht so untergebracht? Da haben wir eine Woche in einem Besenschrank gehaust, wo wir den Fernseher mit den Zehen ausmachen konnten! Beeil dich, pack aus, ich will mich in die Wanne setzen und an der Decke meiner Orangenhaut beim Baden zusehen.«
Ich erinnere mich, wie ich in Istanbul vor unserem Zimmer kurz stehenblieb. Mir war ein kleines Goldschild auf der Tür aufgefallen mit der Aufschrift »Julio Iglesias Room«.
Ich trat die Tür ein. Da standen zwei ganz niedrige Einzelbetten mit gerüschten Tagesdecken aus verblichenem königsblauem Satin. Die Vorhänge – auch aus blauem Satin, ein paar Stifte fehlten – hingen da wie eine volle Windel. Der Teppich war durchgewetzt, die Tür des Kühlschrankes stand offen, und die Heizkörper waren ein Ausbund an Häßlichkeit. »Mir ist es egal, ob Julio Iglesias im

Preis des Zimmers mit inbegriffen ist«, schnauzte ich, »ich gehe!«
Ich bin sonst gar nicht so. Die Unterkunft ist ein Teil des Abenteuers. Wir sind in den besten und in den schlimmsten Hotels gewesen. Wir waren zu Gast im Paradies, wo der Haartrockner an der Wand so selbstverständlich ist wie der Frotteemantel, adrett zurechtgefaltetes Klopapier und ein modernes Gemälde über dem Sofa, auf dem ein Auge in Grüntönen schwebt, darunter ein Messingschild: »Phoebe in Love«.
Wir haben auch schon den kompletten Reinfall erlebt mit einem Flaschenöffner an der Tür, einem Zimmerschlüssel, der an einem Schlüsselanhänger baumelt, der so groß ist wie ein Baumstumpf, eine Lampe in Form einer nackten Frau mit dem Schalter im Bauchnabel und nichts an der Wand als die Zimmerpreise.
Während der letzten Ferientage gehen mir die Bilder von unserem Haus durch den Kopf. Ohne erkennbaren Grund sehe ich mir irgendwo eine prähistorische Kanne an und sage zu meinem Mann: »Hast du bei unserer Abreise eigentlich daran gedacht, die Kaffeemaschine auszumachen?«
Er wird dann so nervös wie ich und will nach Hause.
Sie können Urlaubern immer ansehen, ob sie gerade kommen oder gehen. Reisende am Beginn ihrer Ferien lachen und erzählen Witze. Ihre Kleider passen zueinander. Wenn sie eine Schlange sehen, stellen sie sich hinten an.
Die Rückkehrer sind ungeduldig. Sie drängeln im Flugzeug, als wäre das ihre letzte Chance, Bagdad zu verlassen.
Mit mir geschieht noch etwas anderes, das ich kaum erklären kann. Ich fange an, mich so amerikanisch zu fühlen wie der vierte Juli. Ich kann es nicht mehr erwarten, amerikanische Werbespots im Fernsehen zu sehen oder

ein Foto, auf dem uns Bürgermeister Dinkins in New York begrüßt. Ich will Taxifahrer rufen hören: »Get out of my face!« (Mach daß du da wegkommst!) Ich kriege Lust auf Hamburger, die so dick sind, daß ich kaum reinbeißen kann. Ich will unsere Sprache hören, Schilder sehen, die ich lesen kann, und »echtes« Geld ausgeben. Ich will amerikanische Fernsehnachrichten sehen, in denen mein Lieblingsnachrichtensprecher mir erklärt, was mit der Welt geschehen ist, als wir unterwegs waren. Ich will an sauberen Kleidern riechen, unbesorgt Wasser aus der Leitung trinken können und in meinem eigenen Bett schlafen.

Aber es ist gar nicht so einfach, sich wieder in die Umgebung einzufinden, aus der man zwei oder drei Wochen weg war. Um neue Länder zu erkunden, muß man einen Preis zahlen. Man kann nicht einfach aus dem Flugzeug steigen, nach Hause kommen und den Alltag an der Stelle wieder aufnehmen, wo man ihn verlassen hat. Vorher gilt es, sich einem Ritual zu unterziehen ... einem Ritual, das so alt ist wie die Menschheit. Es heißt Zeitumstellung.

Zeitumstellung

Die Umstellung nach Reisen mit hoher Geschwindigkeit durch mehrere Zeitzonen bedeutet, daß der natürliche Rhythmus des Körpers zeitweilig durcheinandergerät.
Das ist ein hochgestochener Ausdruck dafür, daß sich Ihr Körper nie wieder so fühlen wird wie vorher. Sie schlafen, wenn alle anderen wach sind, stehen um drei Uhr morgens vor dem Kaufhaus und warten, daß endlich aufgemacht wird, schlafen während einer Wurzelbehandlung ein, bringen möglicherweise Ihre biologische Uhr durcheinander und kriegen mit dreiundfünfzig noch ein Kind.
An Zeitumstellung könnte man sterben.
Es hat ein paar halbherzige Versuche gegeben, diese Krankheit zu behandeln. Ein Medikament namens Melatonin ist mit Erfolg an Schafen ausprobiert worden, aber wie viele Schafe kennen Sie, die oft fliegen?
Man hat erst vor ein paar Jahren begonnen, das Problem ernst zu nehmen, und durch Versuche herausgefunden, daß leichtes Essen und Trinken und Bewegung den Übergang von Zeitzone zu Zeitzone erleichtern. Als würde ich auf meinem Platz sitzen und so tun, als ob ich ein Boot ruderte, oder die Knie bis ans Kinn hochziehen oder mit den Schultern vor- und zurückrollen. Sonst noch was?
Die einzige Aerobicübung, die an Bord eines Flugzeugs wirklich jeder mitmacht, ist, sich aus den Klauen der Falltür zur Toilette zu befreien, die einen zu verschlingen droht.
Mein Mann hat eine interessante Theorie. Er meint, wenn er sich weigert, seine Uhr umzustellen, kann er mit dem Zeitunterschied herumspielen und schließlich Stunde für Stunde aufholen.

Die Wahrheit sieht so aus, daß die Kinder ihm vor ein paar Jahren zum Vatertag ein Sportchronometer geschenkt haben. Er hat nie begriffen, wie er diese Uhr richtig stellt. Es ist einfacher, nach Stonehenge 'rüberzuspringen und Schatten zu messen, als von ihm die richtige Zeit zu bekommen. Wenn Sie ihn nach der Zeit fragen, werden Sie so lange warten müssen, bis Sie alt und grau sind.
Wir waren auf dem Rückweg aus Tokio, und ich machte den Fehler, ihn nach der Zeit zu fragen. Er sagte: »Einen Augenblick. Ich muß meine Brille finden.« Etliche Augenblicke später sagte er: »Hast du gerade mal einen Stift?« Dann begann er Berechnungen anzustellen, zu tabellieren, subtrahieren und dividieren, und als er schließlich wußte, wie spät es war, waren wir bereits in einer anderen Zeitzone. Schließlich fragte er: »Wieso willst du das wissen?«
»Um zu wissen, wann es Zeit zum Schlafen ist«, sagte ich.
»Das teilt dir dein Körper mit«, sagte er.
Ich muß ungefähr eine Stunde dagesessen haben, bevor mein Körper sagte: »Es ist einundzwanzig Uhr, Erma, und in einer Stunde falle ich um.«
Ich sagte meinem Körper: »Weißt du, du tust mir einen großen Gefallen, wenn du einfach wach bleibst, ein Abendessen mit sechs Gängen verdaust und dir dazu ›Carrie‹ anschaust. Glaub mir, du bist dann ein ganz anderer Mensch.«
Mein Körper sagte: »Warum soll ich dir glauben? Das hast du mir damals auch erzählt, als wir nach Australien flogen. Ich bin nie mehr derselbe gewesen.«
»Mach mal Pause«, bat ich. »Ist das denn zuviel verlangt?«
Mitten in der Stephen-King-Verfilmung spielte mein

Körper nicht mehr mit und nickte ein. Vier Stunden später gingen im Flugzeug die Lichter an, und der Steward verkündete: »Frühstück.«
Mein Körper zuckte, wurde wach und sagte: »Was stellst du wieder an, Quatschkopf? Ich habe eben erst gegessen. Außerdem weißt du doch, daß ich sonntags ausschlafe.«
»Es ist nicht Sonntag, sondern Montag. Iß jetzt ein trockenes Brötchen und sei still!«
Mein Körper redete lange nicht mit mir. Als wir uns Hawaii näherten, stupste ich ihn wieder an und flüsterte: »Zeit fürs Frühstück.«
Ich hörte ihn murmeln: »Das hatten wir doch schon, weißt du das nicht mehr?«
»Dann machen wir's eben jetzt noch mal.« Auf der ganzen Rückreise wurden wir uns nicht mehr einig. Ich ließ meine Beine laufen, als sie schliefen, schloß meine Augen, als sie weit offen waren, aß morgens zu Abend und frühstückte abends und versuchte mich auf den Zeitunterschied einzustellen.
Als die Passagiere in Los Angeles von Bord gingen, fiel mir auf, daß wir aussahen wie eine Gruppe Obdachloser. Es gab einen steten Strom von Passagieren mit rötlichglasigem Blick, ramponierten Kleidern, Haar, das zerzaust war und hochstand, und genug Säcken unter den Augen, um zwanzig Gepäckträger ein Jahr zu beschäftigen. Wir sahen aus wie Menschen, die ihren Lebenswillen verloren hatten.

Wieder zu Hause

Ferien verblassen schnell. Die Erinnerungen werden durch kleine Dinge überlagert. Sie kommen nach Hause, und der Wagen springt nicht mehr an. Die Nachbarn erzählen Ihnen, daß der Strom ausgefallen ist, als Sie unterwegs waren, und Ihre Kühltruhe riecht beim Öffnen wie eine Düngerfabrik. Jemand hatte offenbar vergessen, den Gartenschlauch richtig zuzudrehen, und Ihr Haus ist in ein anderes Postleitzahlengebiet abgetrieben.
Wenn das alles Ihrer Reise nicht allmählich den Glanz nimmt, dann auf jeden Fall die Verteilung der Reiseandenken.
Selten weiß jemand zu schätzen, was Sie durchgemacht haben, um diese Geschenke nach Hause zu bringen. Und dann sind sie plötzlich bedeutungslos. Das afrikanische Halsband, um das Sie so feilschen mußten, wird von Ihrer Freundin auf Armeslänge weggehalten, die die Nase rümpft: »Ist das wieder eins von den Dingern, die ich erst ins Tiefkühlfach legen muß, um die Käfer zu killen?«
Kinder sind am grausamsten. Ich transportierte einmal einen mexikanischen Hut wie ein rohes Ei nach Hause, der etwa so groß wie eine Satellitenantenne war. Im Flugzeug paßte er weder unter den Sitz noch oben in das Gepäckfach. Die meiste Zeit mußte ich ihn aufsetzen. Unser Sohn warf einen Blick drauf, sagte: »Der stinkt irgendwie« und kickte ihn unter sein Bett.
Die Felltrommel, die wir für die Kinder von den Bahamas buchstäblich nach Hause geschleppt hatten, wurde lebendig, als wir die Heizung einschalteten. Eines Tages sahen wir, wie sie die Wand hochkletterte.
Vor ein paar Jahren kamen wir aus Asien zurück, und ich

breitete alle meine Andenken auf dem Tisch im Eßzimmer aus, ging stundenlang langsam herum und versuchte zu überlegen, wer überhaupt was davon verdient hatte.

Mein Mann kam ins Zimmer und fragte: »Hast du deiner Mutter schon den Seidenkimono gegeben?«

»Weißt du«, sagte ich langsam, »darüber muß ich noch nachdenken. Sie zieht sich ja am liebsten schon an, wenn sie gerade erst aus dem Bett gefallen ist. Der Kimono würde nur bei ihr im Schrank hängen. Außerdem hat er gar nicht die richtige Farbe für sie, und deshalb behalte ich ihn für mich.«

»Du könntest ihr ja das Tee-Set geben.«

»Das hatte ich vor, bis ich mir überlegt habe, daß man eigentlich die Holzschnittwerkstatt besichtigt haben muß, um die ganze Arbeit abschätzen zu können, die da drin steckt. Ich weiß auch schon genau die richtige Stelle dafür im Wohnzimmer.«

»Wie steht's mit der Halskette aus Glas?«

»Meinst du? Ich glaube nicht, daß Mutter noch das Dekolleté für so was hat. Die behalte ich für mich selbst. Ich hatte eigentlich mehr an ein T-Shirt gedacht.«

»Ich dachte, die T-Shirts wären für deine Tanten?«

»Die sehen wir doch sowieso nie«, erklärte ich, »also habe ich drei für mich behalten und beschlossen, jeder von ihnen ein Paar Eßstäbchen zu schenken.«

»Gute Idee. Die sind hübsch. Waren auch teuer.«

»Andererseits lade ich sie vielleicht einmal zum Essen ein. Ich kann ihnen ja auch Weihnachtsschmuck und eine Broschüre über die Geschichte der Seidenraupen schenken.«

»Sie werden vor Rührung keine Worte finden.«

»Was soll das denn heißen? Ich kann auch die ganzen T-Shirts behalten und Mutter den Fächer geben.«

»Ich dachte, der Fächer sei für Brenda, die die Pflanzen gegossen und sich um unsere Post gekümmert hat.«

»Für die habe ich schon Streichhölzer aus unserem Hotel. Hör mal, es geht nicht darum, wie teuer was war, sondern die Absicht zählt.«
»Du suchst also immer noch was für deine Mutter.«
Ich nahm den Fächer aus der Verpackung und klappte ihn auf. Er paßte genau in meine Handtasche, und ich konnte ja ...
Mein Mann warf mir einen strengen Blick zu. »Ist das alles, was du für eine Frau übrig hast, die dir das Leben geschenkt und dich aufgezogen hat und dir beigestanden ist in den guten und schlechten Tagen deines Lebens?«
Ich warf noch einen Pandabären dazu, der sich um einen Bleistift klammerte. »Bist du jetzt zufrieden?« fragte ich.

Man versucht verzweifelt, an der fröhlichen, sorglosen Art der Ferien und der ganzen kulturellen Bereicherung, die man auf einer Reise erfährt, festzuhalten, aber das ist nicht so einfach bei der unvermeidlichen Feriennachlese mit Arnold und Doris.
Gut, Sie erwarten nicht, auf Eseln und unter Palmwedeln nach Hause geritten zu kommen. Sie wollen ja gar nicht, daß Ihre Freunde die Straßen säumen und darauf warten, daß Sie sich auf einen Berg stellen und etwas Bedeutendes predigen. Aber ist es denn zuviel verlangt, daß Ihnen eine kleine Gruppe zuhört, während Sie von Ihrer Reise erzählen, und daß Ihre Freunde dann wenigstens sagen: »Das war sicher sehr schön. Habt ihr Fotos gemacht?«
Arnold und Doris reisen ebenfalls und planen ihre Ferien bis ins letzte Detail. Sie glauben, alles sei eine Frage des richtigen Zeitpunkts. Bei ihrem Besuch im Petersdom las gerade der Papst die Messe. Als sie die Hawaii-Inseln überflogen, brach ein Vulkan aus – auf der Seite im Flugzeug, wo sie saßen. Doris und Arnold kommen nie in den Regen. Sie planen das so.

Wir nicht. Wenn wir vor einer Pandabärin stehen, die gerade Junge kriegt, ist uns der Film ausgegangen. Am Tag, an dem wir ›Old Faithful‹ besichtigen, hat der berühmte Geysir soviel Druck wie eine defekte Heizung, an der das Ventil abgegangen ist. Wenn wir Rußland besuchen, ist Lenins Grab »leider wieder undicht und zu Reparaturzwecken geschlossen«.

Einmal kamen wir gerade aus Griechenland zurück und fanden Arnold und Doris auf unserer Türschwelle. »Erzählt! Erzählt!« riefen sie. »Was habt ihr gesehen?«

Fröhlich erzählten wir von unseren drei Wochen Griechenland – von der Akropolis und dem Lykabettos bis zum Sindagmaplatz und den königlichen Gärten. Wir platzten vor Aufregung über unsere Besuche in antiken Stadien, archäologischen Museen, Ruinen, Tempeln und Ausgrabungsstätten. Als wir fertig waren, sah Arnold uns nur an und fragte: »Habt ihr denn nicht bei Syros die Herculonburger probiert?«

Wir schüttelten den Kopf.

»Dann habt ihr nichts von Griechenland erlebt«, sagte er. Er drehte sich zu Doris um. »Stell dir vor, die Bombecks fahren bis nach Griechenland und probieren dann nicht mal die Herculonburger!«

Doris ließ sich in einen Stuhl fallen, als sei sie gerade von einer Natter gebissen worden. »Du machst Witze! Als nächstes erzählst du mir, sie waren nicht auf dem Flohmarkt von Athos.«

»Wo gibt's denn da einen Flohmarkt?« fragte ich.

»Ach, Arnold«, stöhnte sie, »ich glaub' das einfach nicht. Hoffentlich haben sie wenigstens in dem kleinen Laden um die Ecke vom Hotel echte Ikonen für zwei Dollar gekriegt.«

Die Reiseerinnerungen verblassen, und allmählich denkt man immer weniger an verpaßte Flugzeuge, zugige Zim-

mer, verlorenes Gepäck und Gewaltmärsche zu irgendwelchen historischen Sehenswürdigkeiten.
Ungefähr im Dezember geschieht dann etwas, das einmal wieder meine Lebensgeister weckt und mich von entfernten Ländern träumen läßt. Mir wird klar, daß ich nichts habe, für das es sich zu leben lohnt. Der Winterschlußverkauf ist gelaufen, meine Fünfmonatserkältung hat sich in meiner Brust stabilisiert, und ich habe gerade den widerlichen Weihnachtsrundbrief von Familie Semple erhalten. Dieses Jahr hat ihn ihr Hund Max verfaßt und mit einem Pfotenabdruck unterschrieben.
An Max kann ich mich noch erinnern. Er kam einmal mit. Ich habe nie das Gesicht des Hundes gesehen. Entweder steckte er gerade jemand seine Schnauze zwischen die Beine oder er trank aus der Kloschüssel.
Egal – jedenfalls erhalten wir zu Weihnachten ein Fax von Max dem Wunderhund mit Berichten darüber, was jedes Mitglied der Familie im letzten Jahr gemacht hat. »Howard mußte sich wegen seiner Hämorrhoiden operieren lassen, wird aber diesen Sommer wieder ›in gefährlich guter Form‹ sein. Fay hat letzten Sommer David Hasselhoff zu sehen gekriegt, als er durch Kalifornien tourte und ›Ja! Er ist ein Brocken!‹«
»Howard jr. hat geheiratet und kann dieses Jahr nicht mit in den Urlaub fahren. Edwin macht gute Fortschritte im offenen Strafvollzug, und Sissy, sie hat sich scheiden lassen, kann dieses Jahr mit ihren beiden Babys unseren Treck nach Kalifornien mitmachen.« Unten auf dem Blatt hat Max unter seinem Pfotenabdruck als P.S. hinzugefügt: »Fay und Howard lassen fragen, ob ihr euch noch an die Goldhamster erinnert.«
Zu schade, daß wir um diese Zeit nicht zu Hause sein werden.

Wenn Sie aussehen wie Ihr Paßbild, sind die Ferien zu Ende

Ich wurde wach, weil es so still war ... Ich hatte dieses unheilverkündende Gefühl, das man hat, wenn man vor der Tür zum Badezimmer steht und zu den Kindern hineinschreit: »Was macht ihr da drin?« und ein Stimmchen antwortet: »Nichts.«
Unser Hotel in Papua-Neuguinea, das Kundiawa Inn, hatte die Nacht tatsächlich überstanden. Ich schleppte mich ins Bad, um zu sehen, ob man das auch von mir behaupten konnte. Meine Augen brannten wie Feuer und sahen entsprechend aus. Hatte mir vor kurzem noch die Fieberhitze die Locken aus dem Haar gedreht, brauchte ich nun jedes Kleidungsstück, das ich besaß, gegen den Schüttelfrost. Ich hatte ungewöhnlich viel Gewicht verloren. Das war seltsam bei einer Frau, die ein Acht-Pfund-Kind zur Welt bringt und dabei drei Pfund zunimmt.
Ich stützte mich auf dem Becken ab und betrachtete das braune Rinnsal, das aus dem Hahn tröpfelte. Ich fiel wieder ins Bett.
Mein Mann warf den Koffer zu. »Bist du soweit, daß wir uns in einer Viertelstunde an der Rezeption abmelden können?«
»Sag zu einem Todkranken niemals ›abmelden‹«, murmelte ich.
In der Empfangshalle erinnerten nur drei Polizisten, die Kaffee tranken, an den Krieg der letzten Nacht. Ich lehnte mich gegen die Wand und stieß mit dem Fuß gegen ein kleines Krokodil aus Holz, dessen Rücken wie eine Schale ausgehöhlt war. Mit trockenen Lippen fragte ich: »Kann man das kaufen?«
Mein Mann tauchte neben mir auf und verfolgte den Han-

del. »Gott sei Dank«, meinte er dann. »Ich dachte schon, du seist ernsthaft krank. Was willst du da reintun?«
»Keine Ahnung«, sagte ich, »Chips, Süßigkeiten oder Nüsse.«
»Du hast soviel Kram dabei, daß unsere Maschine nie vom Boden abheben wird.«
In Neuguinea mit dem Flugzeug zu starten ist ungefähr so, wie sich ein Gummiseil um die Fußgelenke zu binden, sich kopfüber vom Empire State Building zu stürzen und im letzten Augenblick – etwa einen Meter über dem Boden – von dem Seil abgefangen zu werden. Bei uns würde man die Startbahn von Neuguinea als Acker bezeichnen. Sie ist ein wahres Minenfeld aus Furchen und Steinen. Außerdem ist sie zu kurz. Das Flugzeug rast gewöhnlich auf einen Abgrund zu. Wenn es am Ende der Startbahn nicht in der Luft ist, haben die Missionare viel zu tun.
Auf dem Heimflug über den üppigen grünen Dschungel versuchte ich nicht nur, den Alptraum der vergangenen Nacht zu vergessen, sondern auch eine Antwort zu finden, warum wir uns das alles jedes Jahr wieder antaten. Warum verließen wir eine gut ausgerüstete Küche, Menschen, die unsere Sprache verstehen, weiche Betten, unverseuchtes Trinkwasser und Toiletten, auf die man sich setzen kann?
Wozu mischten wir uns eigentlich in das Leben und die Kultur fremder Leute ein? Wozu nach ihren Fliegen schlagen, in Socken vor ihren Heiligtümern knien und indonesische Kunst mit nach Hause schleppen, um sie über unser Santa-Fé-Sofa zu hängen?
Es war lange her, daß Reisen nur aus Abenteuerlust oder aus Neugier unternommen wurden. Für mich hatte der Tourismus unsere Welt in ein Dorf verwandelt. Die Menschen aller Länder hatten mehr miteinander gemeinsam, als wir je für möglich gehalten hätten. Wir hatten alle

Kinder, die kicherten, einen Glauben an etwas, das größer war als wir selbst, und ein Bedürfnis zu lieben und zurückgeliebt zu werden. Wenn das nicht der Anfang der Völkerverständigung war!
Als wir später an diesem Abend in die Empfangshalle eines Fünf-Sterne-Hotels in Sydney kamen, müssen wir ausgesehen haben wie Leute, die im Dschungel abgestürzt waren und sich monatelang mit dem Buschmesser durchgeschlagen hatten.
An unseren Schuhen klebte der verkrustete Schlamm von hundert Trampelpfaden. Unsere Kleider rochen nach dem Rauch von zahllosen Lagerfeuern. An unseren Körpern hafteten Schweiß und Staub von Dutzenden von Dörfern und Höhlen. Wir mußten blinzeln, so hell war das Licht des eleganten Kronleuchters. Ich machte einen schwachen Versuch, das Holzkrokodil tiefer in meiner Tasche zu verstauen. Ein livrierter Hoteldiener beeilte sich, um mir mit einem anderen meiner Reiseandenken zu helfen – einem neunzig Zentimeter großen Schwein aus Fellstücken. »Gehört das Ihnen, mein Herr?« MEIN GOTT! ER SPRACH MIT MIR!
Ich konnte es irgendwie alles nicht mehr verkraften. Mein Wiedereintritt in die Zivilisation war zu schnell. Die Böden aus Marmor, die Monitore auf den Schreibtischen, die Boutiquen, die Andenkenläden, Frauen mit hohen Stökkelschuhen, Männer, die den Geruch von Rasierwasser verströmten. Mir kam das alles so unwirklich vor!
Ich stand einfach in der Mitte der Hotelhalle und fühlte mich wie taub. Eine junge schöne Frau kam mit einem Lächeln auf mich zu. In ihrem schneeweißen Tennisdress und ihrem Blendaxlächeln sah sie aus wie ein Filmstar, den ich mal auf einer Plattenhülle gesehen zu haben glaubte. Sie roch wunderbar. »Hallo«, sagte sie, »ich bin Olivia Newton-John.«

Ich zog meinen Bauch ein (Gott sei Dank funktionierten einige Reflexe noch) und versuchte zu erklären, daß wir so aussähen, weil wir gerade aus einer Welt zurückgekehrt seien, in der Fledermäuse schon am Morgen den Himmel verdunkelten – einem Ort, an dem gewaltige rote Jasminbäume durchdringend riechende Blütenblätter auf Vorbeigehende herabregnen ließen und wo exotische Vögel in erstaunlichen Farben zum Frühstück von Ihrem Teller aßen. Doch ich konnte bloß meine Hand ausstrecken und sagen: »Wir waren in Urlaub.« Das schien alles zu erklären.
Die Begegnung mit Olivia Newton-John brachte mich mit einem Ruck zurück in die Zivilisation. Ich bekam die Wirklichkeit langsam wieder in den Griff. Mein Haaransatz mußte nachgefärbt werden. Ich mußte einen Friseurtermin vereinbaren, sobald wir nach Hause kamen. Wir hatten Kinder. Sollten wir die Kinder zu Hause in New York anrufen oder es darauf ankommen lassen, einen Herzinfarkt zu kriegen, sobald wir das Haus betraten? Würden genug Brot und frische Milch zum Frühstück dasein?
Das einzige, das jetzt noch zwischen uns und unserem Zuhause stand, war das Gepäckband und der Zoll.
Bei der Gepäckrückgabe auf einem Flughafen lassen sich interessante Studien machen, wie gesittete Menschen zu Raubtieren werden. Nach meiner Überzeugung kann es keine wirkliche Hoffnung auf Frieden in der Welt geben, bevor wir nicht zweihundert Leute so weit kriegen, auf geregelte Weise ihr Gepäck vom Band zu nehmen.
Dieser Flug würde sich in nichts von anderen Flügen unterscheiden. Schon als die Maschine landete, sprangen zweihundert Fluggäste in den Mittelgang, als hätte gerade jemand »Feuer!« geschrien. Sie schleiften Flugkoffer, Mäntel, Reiseandenken, Kinder durch kilometerlange Flure, bis sie zur Gepäckrückgabe kamen. Keuchend und

nach Luft schnappend sahen sie sich in dem Gelände um und rissen sich um die zwölf Gepäckwagen.

Die Menschen, die sich fest wie einzementiert direkt an das Band gestellt hatten, waren die letzten, deren Gepäck die Rutsche herunterkam. Fragen Sie mich nicht, wieso das so ist. So ist es einfach.

Ich wurde fast von einem Mann zu Tode getrampelt, der glaubte, das erste Gepäckstück auf dem Band als seines identifiziert zu haben. Er hätte wissen müssen, daß der erste Koffer immer niemandem gehört. Es ist nur ein Testkoffer, um allen Hoffnung zu machen.

Die zweite und endgültige Hürde zwischen uns und der Heimat war die Abfertigungsschlange beim Zoll. Hier stehen alle herum, spucken auf ihren Schmuck, damit er alt aussieht, und setzen ihr Pokerface auf. Mir war immer noch ziemlich schlecht, als ich unser Gepäck mit Fußtritten zentimeterweise vorwärts bewegte.

»Geht's noch?« fragte mein Mann.

»Ich schaffe es schon«, erwiderte ich schwach.

Der Zollbeamte fingerte in der schmutzigen Unterwäsche eines Herrn, der vor uns kontrolliert wurde. Schließlich zog der Beamte einen riesigen Bumerang hervor und drehte und wendete ihn mehrfach hin und her.

Der Eigentümer hatte das Gefühl, ihn verteidigen zu müssen. »Das ist ein Bumerang«, erklärte er.

Mindestens dreißig Augenpaare richteten sich auf diesen Knallkopf, der ein krummes Stück Holz um die halbe Welt geschleppt hatte, für das er auf keinem Flohmarkt mehr als fünfunddreißig Cents kriegen würde.

»Den hänge ich bei mir in den Hobbykeller«, erzählte er allen. Der Zollbeamte schüttelte nur den Kopf und winkte ihn durch. Irgendwie wußten wir alle, daß sein Bumerang ihm nie wieder so gut gefallen würde wie damals, als er ihn gekauft hatte.

Wir waren die nächsten, und ich mußte mich auf dem Schalter abstützen, um nicht umzufallen. »Machen Sie die auf!« befahl der Beamte und zeigte auf unsere Koffer.
Er ging wie ein Chirurg vor – professionell und ohne jede Gefühlsregung, als er schnell die Plastiktaschen und Schuhe, vollgestopft mit Socken und Büstenhaltern, durchging. Schließlich kam er auf dem Boden des Koffers an, zog sorgfältig drei längliche gurkenförmige Täschchen hervor und hielt sie hoch, so daß sie in der ganzen Ankunftshalle zu sehen waren. Dann schnauzte er: »Was wollen Sie mit diesen ganzen Penisköchern?«
Es war wie eine Szene aus einem Woody-Allen-Film. Darum handelte es sich dabei also! Ich hatte gedacht, es handele sich um primitive Artefakte, die getragen wurden, um einen langweiligen Gürtel interessanter zu machen. Jetzt fingen anständige Leute hinter uns an, sich über uns eine Meinung zu bilden. Ich atmete tief durch und sagte laut: »Ich will sie im Garten verwenden – als Übertöpfe.«
Er bedeutete mir mit einer Handbewegung, ich solle weitergehen, und wandte seine Aufmerksamkeit dem nächsten Paar zu.
Die Schlange von der Zollabfertigung endete in einem trichterförmigen Durcheinander an der Tür, wo wir unseren Paß und unsere Zollerklärung vorzeigen mußten, bevor wir den Flughafen endgültig verlassen konnten.
Zu diesem Zeitpunkt brannte mein ganzes Gesicht wie Feuer, meine Augen waren halb zugeschwollen und meine Lippen vom Fieber aufgesprungen. Der Beamte klappte meinen Reisepaß auf und verglich zur Prüfung mein Gesicht mit dem Paßfoto.
»Gut getroffen«, sagte er lächelnd.

29,80